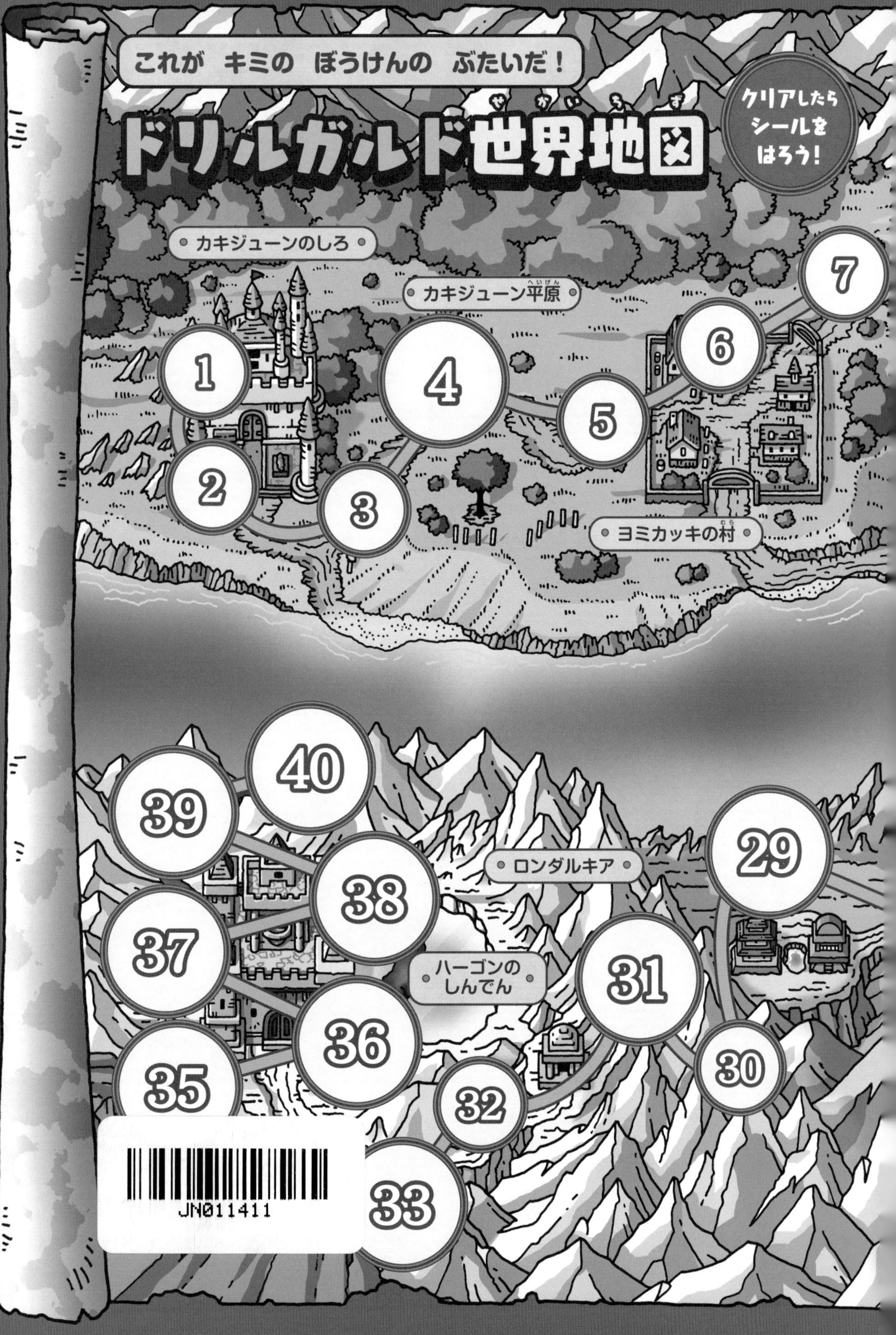
これが　キミの　ぼうけんの　ぶたいだ！
ドリルガルド世界地図《せかいちず》
クリアしたらシールをはろう！
カキジューンのしろ
カキジューン平原《へいげん》
ヨミカッキの村《むら》
ロンダルキア
ハーゴンのしんでん
1
2
3
4
5
6
7
29
30
31
32
33
35
36
37
38
39
40

JN011411

はかいしんシドーの　ふっかつを
たくらむ　大《だい》しんかんハーゴンは、
モンスターが　苦手《にがて》とする
漢字《かんじ》を　すべて　はかいし、
それを　シドーへの　いけにえとして
ささげようとしていた！

はかいしんシドーが
ふっかつしてしまうと、
この世《よ》の　ありとあらゆるものが
はかいされつくし、
世界《せかい》は　ほろんでしまうのだ。

大《だい》しんかんハーゴン
あくりょうのかみがみ
ベリアル
バズズ
アトラス

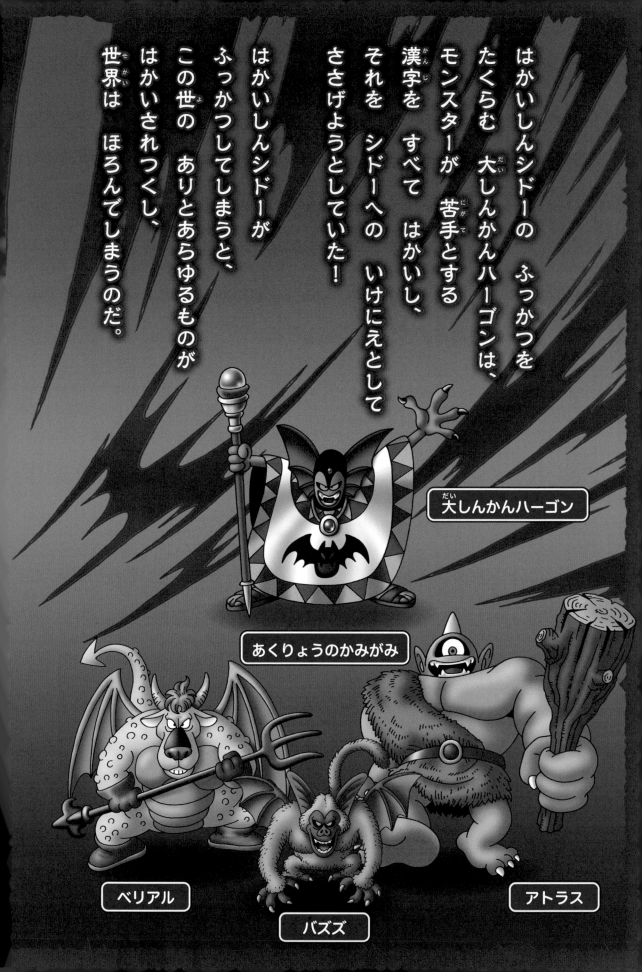

そして、すでに
多《おお》くの 漢字《かんじ》が
ハーゴンの
配下《はいか》によって
はかいされてしまい、
その まの手《て》は
小学三年生《しょうがくさんねんせい》、二年生《にねんせい》、
一年生《いちねんせい》で ならう
漢字《かんじ》にまで
のびようとしていた……。

ゆうしゃには　漢字《かんじ》の
読《よ》み書《か》きを　することで
モンスターを　たおす
チカラが　あります。

のこされた　漢字《かんじ》を　守《まも》りながら、
この漢字《かんじ》の　チカラを　使《つか》って、
モンスターを　たおし、
ハーゴンの　たくらみを
うちくだく　ぼうけんが
今《いま》　始《はじ》まるのです！

ゆうしゃ・女《おんな》の子《こ》

でんせつの　ゆうしゃの
しそんの　女《おんな》の子《こ》。
思《おも》いやりがあり、漢字《かんじ》の
読《よ》み書《か》きが大《だい》すき。

はてなスライム

ぼうけんの　とちゅうで
出会《であ》う　言葉《ことば》を　話《はな》せる
スライム。

ゆうしゃ・男《おとこ》の子《こ》

でんせつの　ゆうしゃの
しそんの　男《おとこ》の子《こ》。
心《こころ》やさしくて、漢字《かんじ》の
読《よ》み書《か》きがとくい。

この本の使い方（保護者の方へ）

各ページ冒頭の物語部分も、基本的に漢字の書き取り問題になっています。読み方に合わせて、□部分に漢字を書きましょう。

各問題の答えは、巻末にまとめて掲載しています。

小学二年生には手応えのある、少し難しい問題には、強敵マークを付けています。

漢字の読み方を音読みと訓読みに分けて掲載しています。書き順は一画ごとに並べています。また、小学生で習わない読み方は（ ）内に記載しています。訓読みの送り仮名は赤文字で記載しています。

★★♥♥
1
休み書きの問題

漢字をめぐる 旅の始まり

カキジューンのしろ

王様から ドリルガルドの世界を もらった！

この□を 出たら 進む□を □かくにんしながら 次の 町を 目指そう！

おお、ゆうしゃたちよ！
ハーゴンから 漢字を 守る 旅は けわしいものになる。
気を つけて 行くのだぞ。

国　角　図　地　方

くんよみ／おんよみ（各字）

この漢字を おぼえよう！ 使ってみよう！

国国国国国
角角角角角
図図図図図
地地地地地
方方方方方

---

❶

漢字の チカラを 身につけるために、次の ――部分の 漢字の 読み方を〔　〕に 書いてみよう！

① 前方から モンスターが あらわれた！〔　〕

② 三角形の 地形を りようして たたかう。〔　〕

③ 合図に 合わせて こうげきする。〔　〕

④ 夕方には モンスターを やっつけた！〔　〕

⑤ 遠くから 地鳴りが 聞こえる。〔　〕

⑥ 自国に 帰国する。〔　〕

❷

漢字の チカラを レベルアップするために、次の □部分に 漢字を 書いてみましょう！

① 旅をする ぼうけんが 始まった！

② 王宮の □へ 行く。

③ 次の □の わかれを すます。

④ □の □に 曲がる。

クリア！

まずは 町で じゅんびを しよう。

漢字を 守る ぼうけんが 始まった！ 世界地図を 手に入れた！

漢字を 守る ぼうけんが 始まるのね！

別冊の❶に このシールを はろう！

クリアした日　月　日

ダルを

別冊の❷に このシールを はろう！

クリアした日　月　日

各問題が解けたら、冒険が進んだしるしに付属の「ぼうけんシール」から該当のシールをはがし、巻頭の「ドリルガルド世界地図」に貼りましょう。

① 各問題の最後に、クリアしたらどのシールを貼ればいいかが記載されています。

② 巻頭にはさまっている「ぼうけんシール」の中から、そのシールをさがしてはがします。

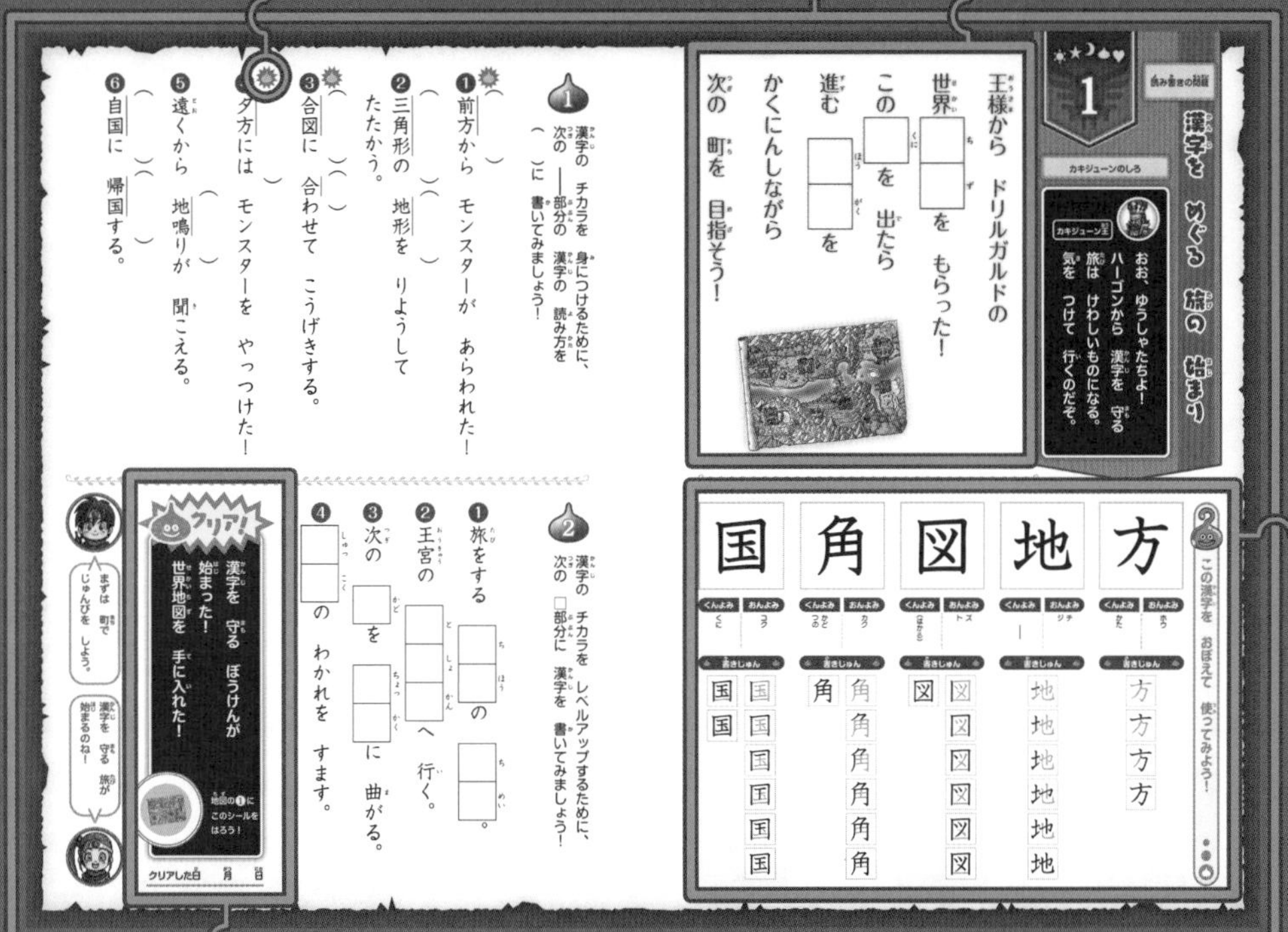

③ 巻頭の「ドリルガルド世界地図」の、その問題の番号のマスにシールを貼りましょう。

もんだいを クリアしたら「ドリルガルド世界地図」に はろう！

ぼうけんシール

ミラシールを はろうよ
もんだい・ページに 書いて みよう！

漢字編 推奨学年：2年生

これが キミの ぼうけんの ぶたいだ！

ドリルガルド世界地図

クリアしたら シールを はろう！

カキジューンのしろ

カキジューン平原

ヨミカッキ村

1　2　3　4　5　6　7

読《よ》み書《か》きの問題《もんだい》

1

漢字《かんじ》を めぐる 旅《たび》の 始《はじ》まり

カキジューンのしろ

カキジューン王《おう》

おお、ゆうしゃたちよ！
ハーゴンから 漢字《かんじ》を 守《まも》る
旅《たび》は けわしいものになる。
気《き》をつけて 行《い》くのだぞ。

王様《おうさま》から ドリルガルドの
世界《せかい》□《ち》□《ず》を もらった！
この□《くに》を 出《で》たら
進《すす》む□《ほう》□《がく》を
かくにんしながら
次《つぎ》の 町《まち》を 目指《めざ》そう！

この漢字《かんじ》を おぼえて 使《つか》ってみよう！

漢字	くんよみ	おんよみ	書《か》きじゅん
方	かた	ホウ	方 方 方 方
地	―	ジ チ	地 地 地 地 地 地
図	(はかる)	ト ズ	図 図 図 図 図 図 図
角	かど つの	カク	角 角 角 角 角 角 角
国	くに	コク	国 国 国 国 国 国 国 国

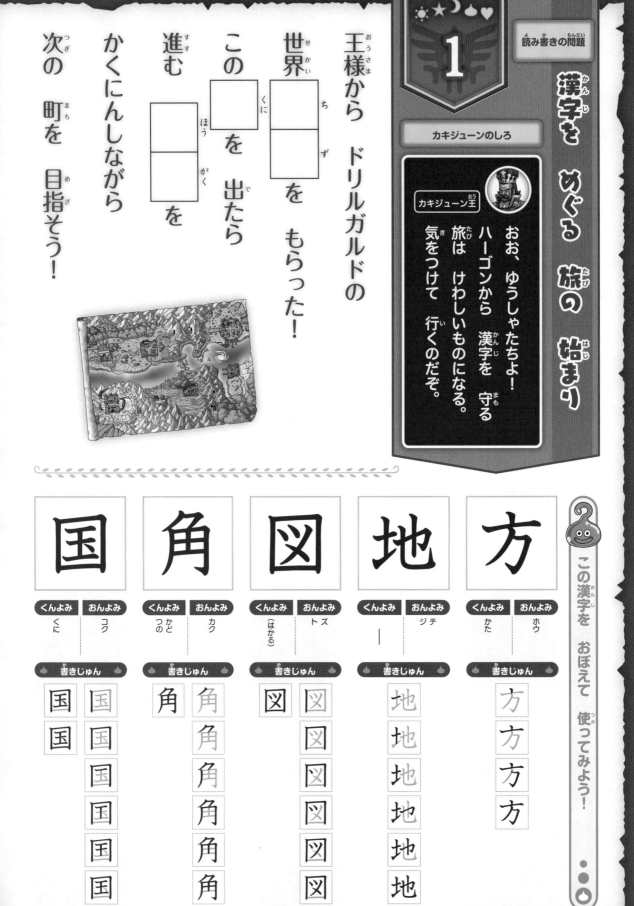

1

漢字《かんじ》の　チカラを　身《み》につけるために、
次《つぎ》の　――部分《ぶぶん》の　漢字《かんじ》の　読《よ》み方《かた》を
（　）に　書《か》いてみましょう！

❶ 前方（　　）から　モンスターが　あらわれた！

❷ 三角形（　　）の　地形（　　）を　りようして　たたかう。

❸ 合図（　　）に　合（　）わせて　こうげきする。

❹ 夕方（　　）には　モンスターを　やっつけた！

❺ 遠《とお》くから　地鳴（　　）りが　聞《き》こえる。

❻ 自国（　　）に　帰国（　　）する。

2

漢字《かんじ》の　チカラを　レベルアップするために、
次《つぎ》の　□部分《ぶぶん》に　漢字《かんじ》を　書《か》いてみましょう！

❶ 旅《たび》をする　□□《ちほう》の　□□《ちめい》。

❷ 王宮《おうきゅう》の　□□□《としょしつ》へ　行《い》く。

❸ 次《つぎ》の　□《かど》を　□□《ちょっかく》に　曲《ま》がる。

❹ □□《しゅっこく》の　わかれを　すます。

クリア！

漢字《かんじ》を　守《まも》る　ぼうけんが
始《はじ》まった！
世界地図《せかいちず》を　手《て》に入《い》れた！

地図《ちず》の❶に
このシールを
はろう！

クリアした日《ひ》　月《がつ》　日《にち》

まずは　町《まち》で
じゅんびを　しよう。

漢字《かんじ》を　守《まも》る　旅《たび》が
始《はじ》まるのね！

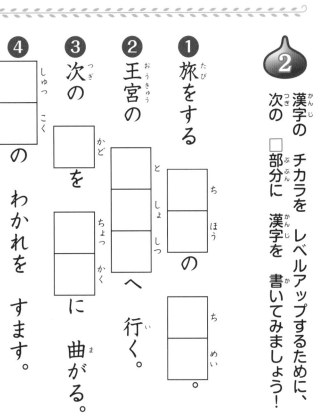

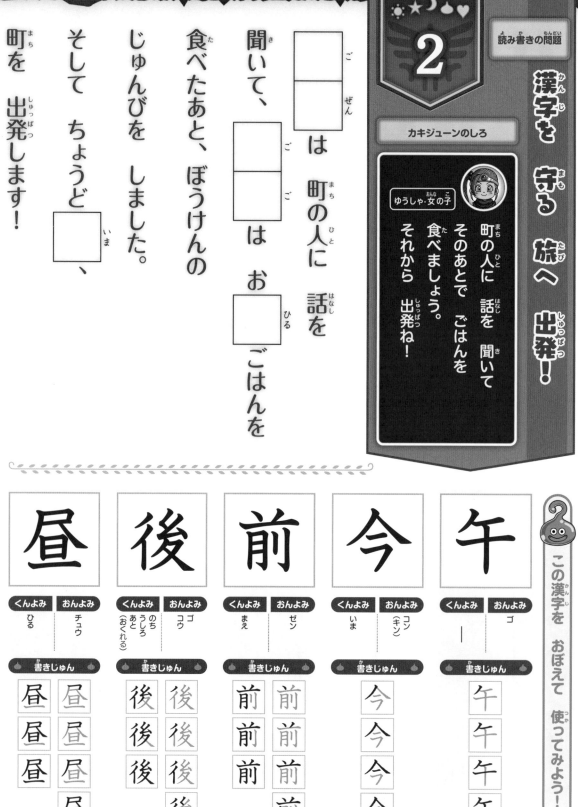

2

読《よ》み書《か》きの問題《もんだい》

漢字《かんじ》を 守《まも》る 旅《たび》へ 出発《しゅっぱつ》!

カキジューンのしろ

ゆうしゃ・女《おんな》の子《こ》

町《まち》の人《ひと》に 話《はなし》を 聞《き》いて
そのあとで ごはんを
食《た》べましょう。
それから 出発《しゅっぱつ》ね!

□《ご》□《ぜん》は 町《まち》の人《ひと》に 話《はなし》を
聞《き》いて、□《ご》□《ご》は お□《ひる》ごはんを
食《た》べたあと、ぼうけんの
じゅんびを しました。
そして ちょうど □《いま》、
町《まち》を 出発《しゅっぱつ》します!

この漢字《かんじ》を おぼえて 使《つか》ってみよう!

漢字	くんよみ	おんよみ
午	—	ゴ
今	いま	コン（キン）
前	まえ	ゼン
後	のち うしろ あと（おくれる）	ゴ コウ
昼	ひる	チュウ

書《か》きじゅん

1

漢字《かんじ》の　チカラを　身《み》につけるために、
次《つぎ》の　──部分《ぶぶん》の　漢字《かんじ》の　読《よ》み方《かた》を
（　）に　書《か》いてみましょう！

❶ 前後（　）を　モンスターに　はさまれた！

❷ 手前（　）を　先《さき》に、後方（　）は　後（　）で　たおす。

❸ モンスターが　たくさん　出《で》たが、今回（　）は　正午（　）には　やっつけた！

❹ 昼食（　）を　しっかり　味《あじ》わう。

❺ 前日（　）に　今後（　）の　計画《けいかく》を　考《かんが》える。

❻ 昼間（　）の　うちに　できるだけ　進《すす》む。

2

漢字《かんじ》の　チカラを　レベルアップするために、
次《つぎ》の　□部分《ぶぶん》に　漢字《かんじ》を　書《か》いてみましょう！

❶ □《いま》は　旅《たび》の　とちゅうだ。

❷ □□《ちゅうや》を　通《とお》して　たたかう。

❸ モンスターを　たおせれば　□□□《いちにんまえ》の　ゆうしゃだ。

クリア！

おしろを　出発《しゅっぱつ》した！
町《まち》の人《ひと》に　ちいさなメダルを
もらった！

地図《ちず》の❷に
このシールを
はろう！

クリアした日《ひ》　　月《がつ》　　日《にち》

いよいよ　ぼうけんに
出発《しゅっぱつ》だわ！

まずは　次《つぎ》の
村《むら》を　目指《めざ》そう！

3

読《よ》み書《か》きの問題《もんだい》

モンスターたちとの　たたかい！

カキジューン草原《そうげん》

ゆうしゃ・男《おとこ》の子《こ》

草原《そうげん》には　モンスターが
出《で》るから　気《き》をつけよう。
あ！　モンスターたちが
近《ちか》づいてくるよ！

三体《さんたい》の　モンスターが
ゆうしゃたちが　いる
□□《ちてん》を
目指《めざ》して、□□《のはら》を
□《はし》って
近《ちか》づいてきます！
三体《さんたい》は　□□《どうじ》に
こうげきしてきました！

この漢字《かんじ》を　おぼえて　使《つか》ってみよう！

	同	走	点	原	野
くんよみ	おなじ	はしる	―	はら	の
おんよみ	ドウ	ソウ	テン	ゲン	ヤ

書《か》きじゅん

モンスターが　漢字《かんじ》を　こわそうと、
こうげきしてきました！　――部分《ぶぶん》には
漢字《かんじ》の　読《よ》みを、□部分《ぶぶん》には　正《ただ》しい
漢字《かんじ》を　書《か》いて、漢字《かんじ》を　守《まも》りましょう！

ドラキーの　こうげき！

① 同点（　　）
② 原点（　　）
③ 弱点（　　）
④ 地点（　　）
⑤ 点火（　　）
⑥ 点数（　　）

アイアンアントの　こうげき！

⑦ 走行（　　）
⑧ 高原（　　）
⑨ 野道（　　）
⑩ 分野（　　）
⑪ 一心同体（　　）

おおねずみの　こうげき！

⑫ □□（やせい）の　モンスター。
⑬ □□（そうげん）で　出会《であ》う。
⑭ □（おな）じ　ぶきを　使《つか》う。
⑮ □□（やしん）を　いだく！
⑯ □□（やがい）で　たたかう！

クリア！

三体《さんたい》の　モンスターを
やっつけた！

地図《ちず》の③に
このシールを
はろう！

クリアした日《ひ》　　月《がつ》　　日《にち》

漢字《かんじ》の　チカラで
たおせたよ！

今度《こんど》は　スライムが
近《ちか》づいてくるわ！

読《よ》み書《か》きの問題《もんだい》

4

はてなスライムとの出会《であ》い

カキジューン草原《そうげん》

はてなスライム

ボクは　はてなスライム。
キミたちの　うわさを　聞《き》いて
おいかけてきたんだ。
話《はなし》を　聞《き》いておくれよ！

ボクも　漢字《かんじ》を　守《まも》る
ぼうけんを　したくて
□《おも》い□《き》って　旅《たび》に
出《で》てきたんだ。キミたちに
□《あ》えて　□《こころ》から　うれしいよ。
ぜひ　□《とも》だちになってよ！

この漢字《かんじ》を　おぼえて　使《つか》ってみよう！

漢字	くんよみ	おんよみ	書《か》きじゅん
心	こころ	シン	心 心 心 心
切	きる きれる	セツ （サイ）	切 切 切 切
友	とも	ユウ	友 友 友 友
会	あう	カイ	会 会 会 会 会 会
思	おもう	シ	思 思 思 思 思 思 思 思 思

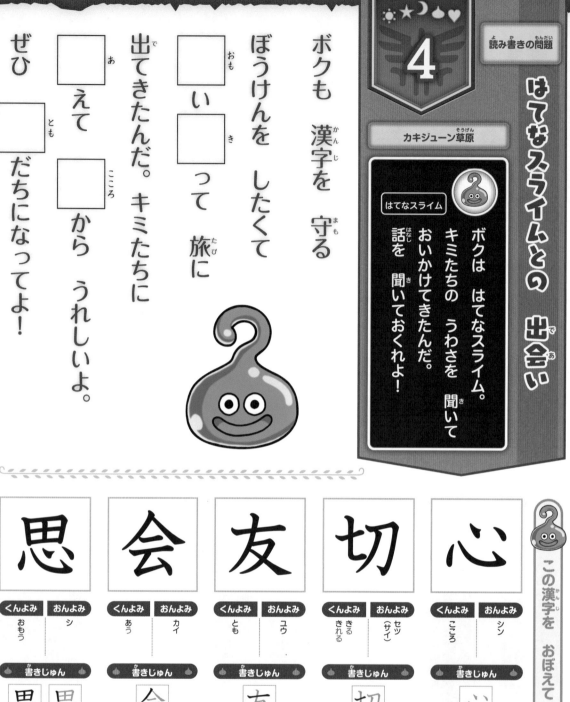

1

漢字《かんじ》の　チカラを　身《み》につけるために、
次《つぎ》の　——部分《ぶぶん》の　漢字《かんじ》の　読《よ》み方《かた》を
（　）に　書《か》いてみましょう！

❶親切な　スライム。
（　　　）

❷本心を　つたえる。
（　　　）

❸交友を　深《ふか》める。
（　　　）

❹会話を　楽《たの》しむ。
（　　　）

❺会心の　いちげき。
（　　　）

❻親友に　なる。
（　　　）

2

漢字《かんじ》の　チカラを　レベルアップするために、
次《つぎ》の　□部分《ぶぶん》に　漢字《かんじ》を　書《か》いてみましょう！

❶ □《せつ》ない　□《おも》い□《で》。

❷ □□《ゆうじん》との　□□《であ》い。

❸ □□《しゃかい》の　勉強《べんきょう》。

ボクからの
もんだい！

左《ひだり》の　はてなスライムの　場所《ばしょ》に　あてはまる
正《ただ》しい　漢字《かんじ》を　□の　中《なか》から
ひとつ　えらぶと、二文字《ふたもじ》ずつの
四《よっ》つの　言葉《ことば》が　かんせいするよ！
正《ただ》しい　漢字《かんじ》に　○を　つけてね。

	↓切□	
→王□	切	
王	？	紙
	首	→□紙
	↓□首	

子　手　友

ヒント

「王□」と「□紙」の
それぞれで　かんせいする
言葉《ことば》を　考《かんが》えてみよう！

クリア！

はてなスライムが
いっしょに　ぼうけんする
なかまに　くわわった！

地図《ちず》の④に
このシールを
はろう！

クリアした日《ひ》　月《がつ》　日《にち》

旅《たび》の　なかまが
ふえて　心強《こころづよ》いよ！

ボク　がんばるよ！
これから　よろしくね！

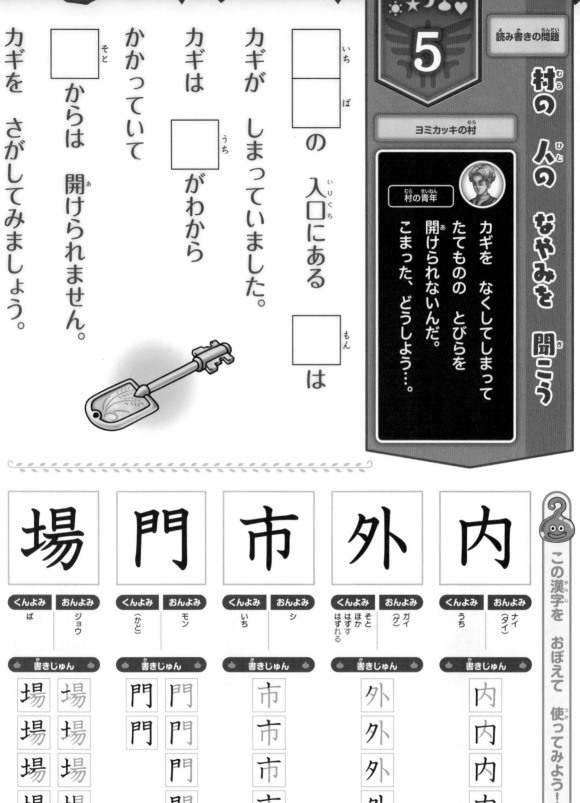

5

読《よ》み書《か》きの問題《もんだい》

村《むら》の人《ひと》のなやみを聞《き》こう

ヨミカッキの村《むら》

村《むら》の青年《せいねん》

カギを　なくしてしまって
たてものの　とびらを
開《あ》けられないんだ。
こまった、どうしよう…。

□《いち》□《ば》の　入口《いりぐち》にある　□《もん》は
カギが　しまっていました。
カギは　□《うち》がわから
かかっていて
□《そと》からは　開《あ》けられません。
カギを　さがしてみましょう。

この漢字《かんじ》を　おぼえて　使《つか》ってみよう！

漢字	くんよみ	おんよみ
内	うち	ナイ (ダイ)
外	そと ほか はずす はずれる	ガイ (ゲ)
市	いち	シ
門	(かど)	モン
場	ば	ジョウ

書《か》きじゅん

1

次《つぎ》の ——部分《ぶぶん》の 漢字《かんじ》の 読《よ》み方《かた》を （　）に 書《か》いて カギを さがしてみましょう！

❶カギの 外見（　　　）を 教《おし》えてもらう。

❷カギを さがしに 外出（　　　）する。

❸広場（　　　）を さがす。 ❹運動《うんどう》場（　　　）を さがす。

❺室内（　　　）も さがしてみる。

❻村《むら》の 門番（　　　）にも 聞《き》いてみる。

❼村《むら》外れ（　　　）を さがす。

❽野外（　　　）も さがしてみる。

さがしても なかなか 見《み》つから ないわね…

2

はてなスライムが 市場近《いちばちか》くの 草《くさ》むらに 光《ひか》るものを 見《み》つけてくれました。 □部分《ぶぶん》に 漢字《かんじ》を 書《か》いて さがしてみましょう！

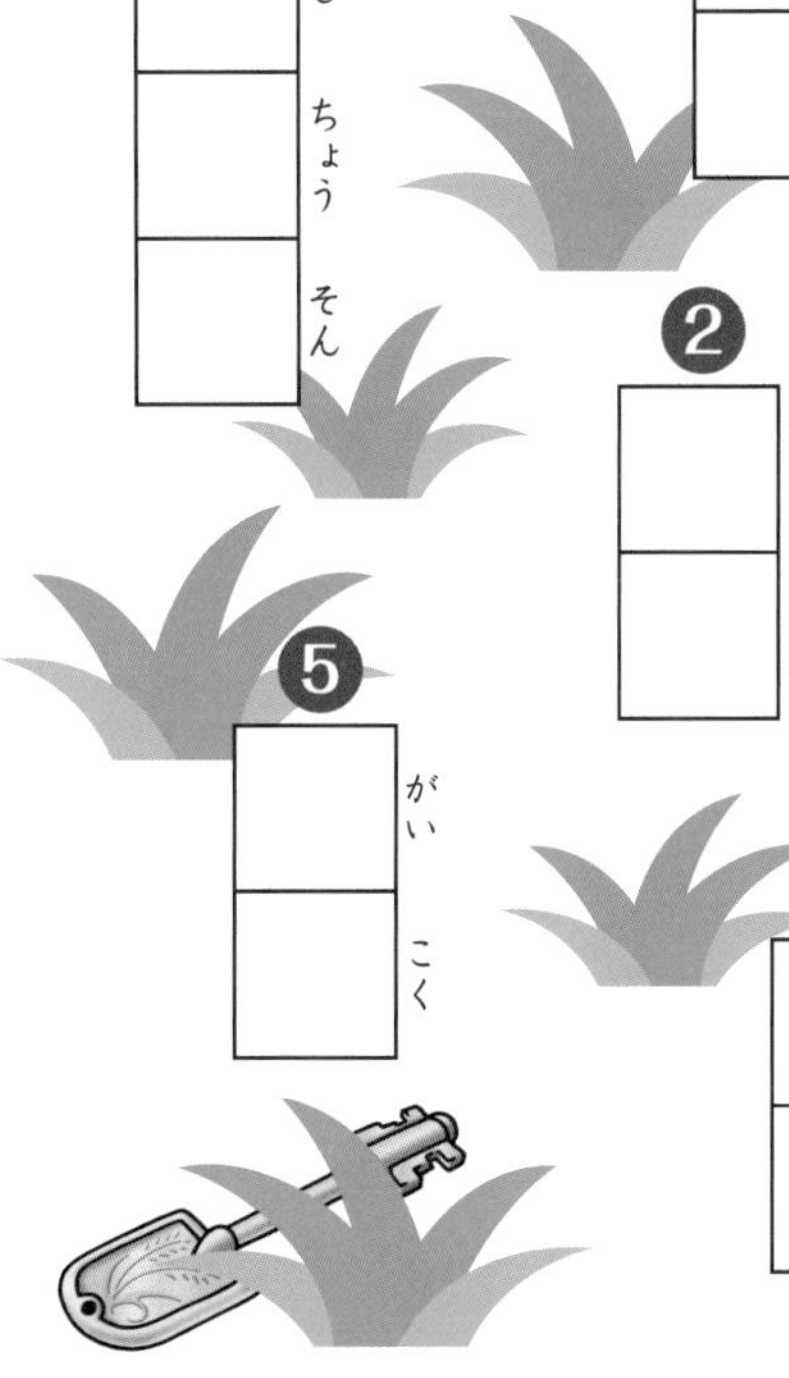

❶ □□ たち ば

❷ □□ にゅう もん

❸ □□ こく ない

❹ □□□ し ちょう そん

❺ □□ がい こく

クリア！

市場《いちば》のカギを 見《み》つけてあげた！ 市場《いちば》の とびらが 開《ひら》いた！

地図《ちず》の❺に このシールを はろう！

草《くさ》むらに カギが あったよ！

さすがね！ これで 市場《いちば》に 入《はい》れるわ。

クリアした日《ひ》　月《がつ》　日《にち》

6

読《よ》み書《か》きの問題《もんだい》

おばあさんの お茶《ちゃ》を さがそう

ヨミカッキの村《むら》

おばあさん

やっと 市場《いちば》が 開《ひら》いたわ。
さて、お茶《ちゃ》っ葉《ば》を
買《か》いたいんだけど、どこに
売《う》ってるのかしら……。

市場《いちば》は □《かっ》□《き》にあふれ たくさんの
□《た》べ物《もの》が 売《う》っています。
お□《こめ》や □《こ》□《むぎ》、魚《さかな》などが
ならんでいます。
おばあさんに お□《ちゃ》っ葉《ば》を
さがしてあげましょう。

この漢字《かんじ》を おぼえて 使《つか》ってみよう！

漢字	くんよみ	おんよみ
米	こめ	ベイ マイ
麦	むぎ	(バク)
活	―	カツ
茶	―	チャ (サ)
食	くう たべる	ショク

書《か》きじゅん

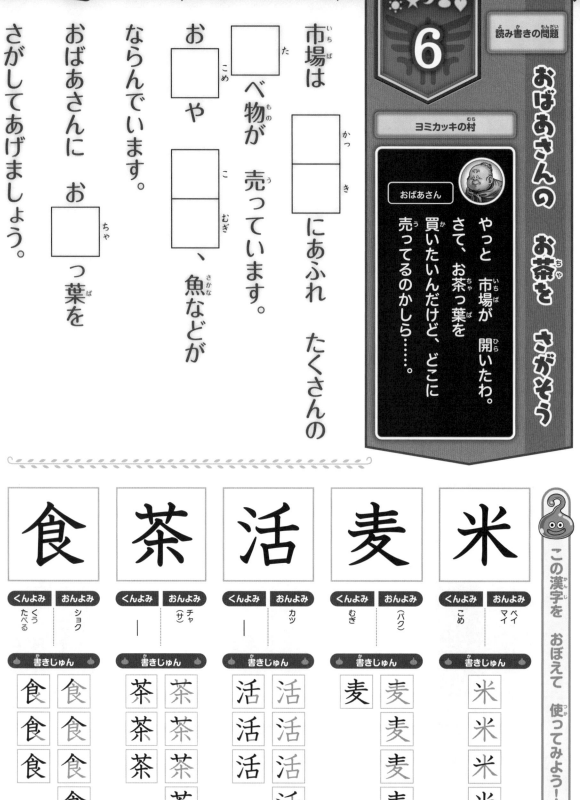

1

市場《いちば》を　歩《ある》いて、次《つぎ》の　——部分《ぶぶん》の　漢字《かんじ》の
読《よ》み方《かた》を（　）に　書《か》きながら、
お茶《ちゃ》っ葉《ば》を　さがしてみましょう！

❶ 市場《いちば》の　地図《ちず》を　活用（　　）する。

❷ 市場《いちば》は　食生活（　　）の　中心《ちゅうしん》だ。

❸ 今年《ことし》　しゅうかくされた　新米（　　）。

❹ 食後（　　）の　デザートも　ほしい。

❺ 麦（　　）わらぼうしを　頭《あたま》に　かぶる。

❻ 夕食（　　）に　白米（　　）を　たいて　食（　　）べる。

❼ 麦茶（　　）や　番茶（　　）の　お茶《ちゃ》っ葉《ば》を　発見《はっけん》！

2

次《つぎ》の　□部分《ぶぶん》に　漢字《かんじ》を　書《か》きながら
おばあさんに　お茶《ちゃ》っ葉《ば》を
とどけてあげましょう。

❶ □《ちゃ》□《いろ》の　きゅうす。

❷ □《ちゃ》柱《ばしら》が　立《た》つとは　えんぎがいい。

❸ 本《ほん》を　開《ひら》いて　□《かつ》□《じ》を　読《よ》む。

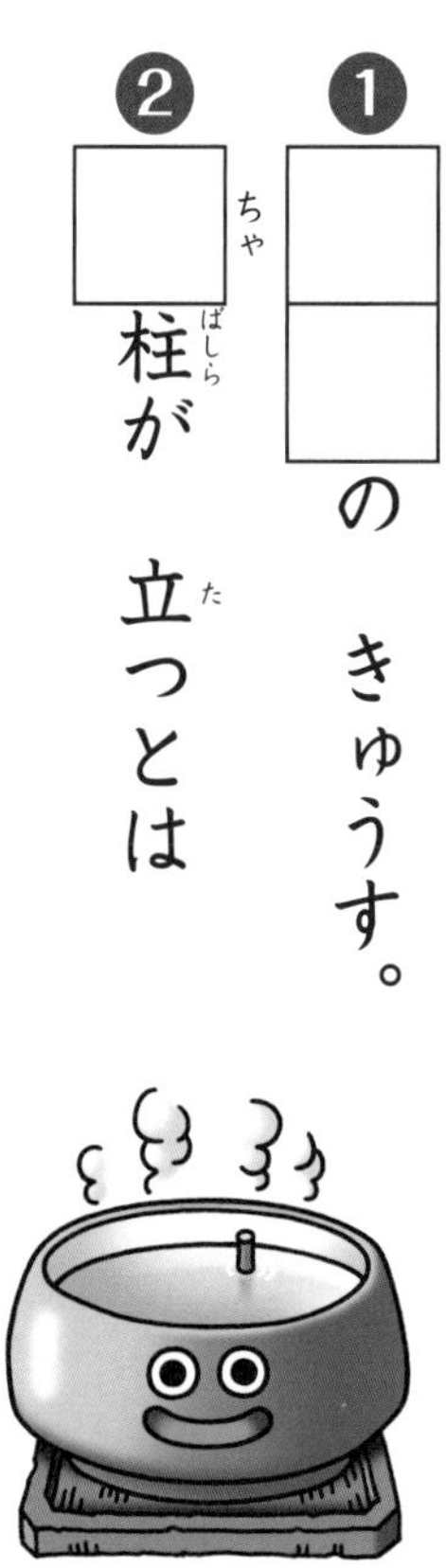

クリア！

おばあさんに　お茶《ちゃ》っ葉《ば》を
とどけてあげた！　お礼《れい》に
お茶《ちゃ》を　ごちそうになった！

地図《ちず》の❻に
このシールを
はろう！

クリアした日《ひ》　月《がつ》　日《にち》

みんな　元気《げんき》な
市場《いちば》だったね！

いろんな　食《た》べ物《もの》も
おいしかったよ！

7

読《よ》み書《か》きの問題《もんだい》

どっちの道《みち》を進《すす》む?

ヨミカッキの村《むら》

村《むら》のおじさん

次《つぎ》の町《まち》までは　近道《ちかみち》があるんだが、モンスターが出《で》るから　キケンなんだ。こまったことだよ。

次《つぎ》の町《まち》までの　□《とお》り□《みち》には、モンスターが　あらわれる岩山《いわやま》の□《ちか》□《みち》と、海《うみ》ぞいの　安全《あんぜん》な□《とお》□《まわ》りの□《みち》が　あります。

とちゅうで　ふたつの□《みち》は□《まじ》わって　つづいています。

この漢字《かんじ》を　おぼえて　使《つか》ってみよう!

交

くんよみ	おんよみ
まじわる・まじえる まじる・まざる まぜる (かう) (かわす)	コウ

書《か》きじゅん

近

くんよみ	おんよみ
ちかい	キン

書《か》きじゅん

通

くんよみ	おんよみ
とおる とおす かよう	ツウ

書《か》きじゅん

道

くんよみ	おんよみ
みち	ドウ

書《か》きじゅん

遠

くんよみ	おんよみ
とおい	エン

書《か》きじゅん

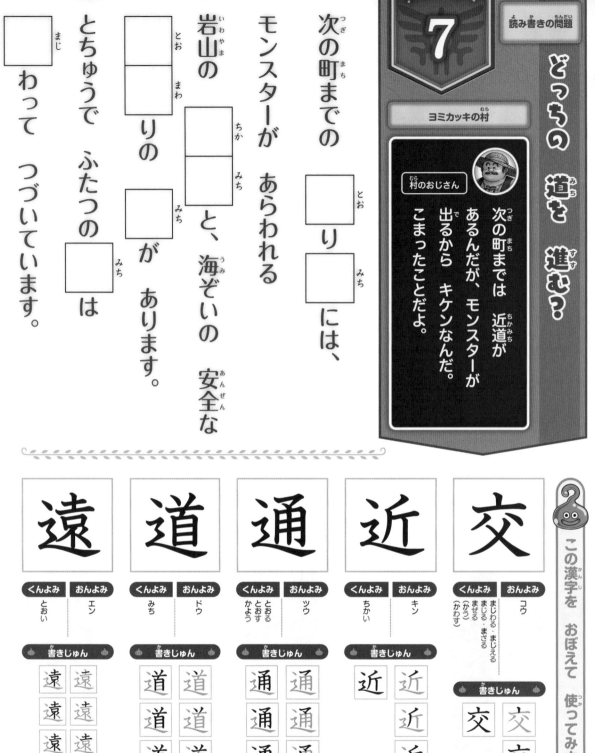

1

漢字《かんじ》の　チカラを　身《み》につけるために、
次《つぎ》の　――部分《ぶぶん》の　漢字《かんじ》の　読《よ》み方《かた》を
（　）に　書《か》いてみましょう！

❶ 遠足（　）のような　ぼうけんを　楽《たの》しむ！

❷ 次《つぎ》の　町《まち》まで　山《やま》を　こえて　遠出（　）する。

❸ 見通し（　）の　悪《わる》い　歩道（　）を　地道（　）に　歩《ある》く。

❹ 一方通行（　）の　行《い》き止《ど》まりだ！

❺ 道中（　）で　モンスターが　あらわれた！

❻ 手近（　）な　モンスターと　一通（　）り　たたかう。

❼ 旅人《たびびと》と　親交（　）を　深《ふか》める。

2

漢字《かんじ》の　チカラを　レベルアップするために、
次《つぎ》の　□部分《ぶぶん》に　漢字《かんじ》を　書《か》いてみましょう！

❶ しゅぎょうのため、□《きん》所《じょ》の　□□《どうじょう》に　□《かよ》う。

❷ ぶきを　しゅうりして　□□《もとどお》りに　直《なお》した。

クリア！

近道《ちかみち》を　進《すす》むことにした！
道《みち》の　とちゅうで
ちいさなメダルを　拾《ひろ》った！

地図《ちず》の❼に
このシールを
はろう！

近道《ちかみち》が　使《つか》えないのは
みんな　こまるわ。

近道《ちかみち》の　モンスターを
たおして　行《い》こう！

クリアした日《ひ》　　月《がつ》　　日《にち》

キケンな道《みち》の モンスターたいじ

8

読《よ》み書《か》きの問題《もんだい》

ジッテンの岩山《いわやま》

はてなスライム

岩山《いわやま》の 近道《ちかみち》は 細《ほそ》いけど
次《つぎ》の 町《まち》までは 一直線《いっちょくせん》だね。
あ！ モンスターたちが
あらわれたよ！

近道《ちかみち》を 進《すす》んでいると、□《もと》のすがたが
□《うし》や □《うま》、□《とり》や □《さかな》に
にた モンスターが
ゆうしゃたちの 前《まえ》に
あらわれました！
たおして 先《さき》に 進《すす》みましょう！

とつげきうお
ケンタラウス
あばれうしどり
クックルー

この漢字《かんじ》を おぼえて 使《つか》ってみよう！

漢字	くんよみ	おんよみ
牛	うし	ギュウ
元	もと	ゲン ガン
馬	うま ま	バ
魚	うお さかな	ギョ
鳥	とり	チョウ

書《か》きじゅん

牛 牛 牛 牛

元 元 元 元

馬 馬 馬 馬 馬 馬 馬 馬 馬 馬

魚 魚 魚 魚 魚 魚 魚 魚 魚 魚 魚

鳥 鳥 鳥 鳥 鳥 鳥 鳥 鳥 鳥 鳥 鳥

1

モンスターが　おそいかかってきました！
次《つぎ》の　――部分《ぶぶん》の　漢字《かんじ》の　読《よ》み方《かた》を
（　）に　書《か》いて　たたかいましょう！

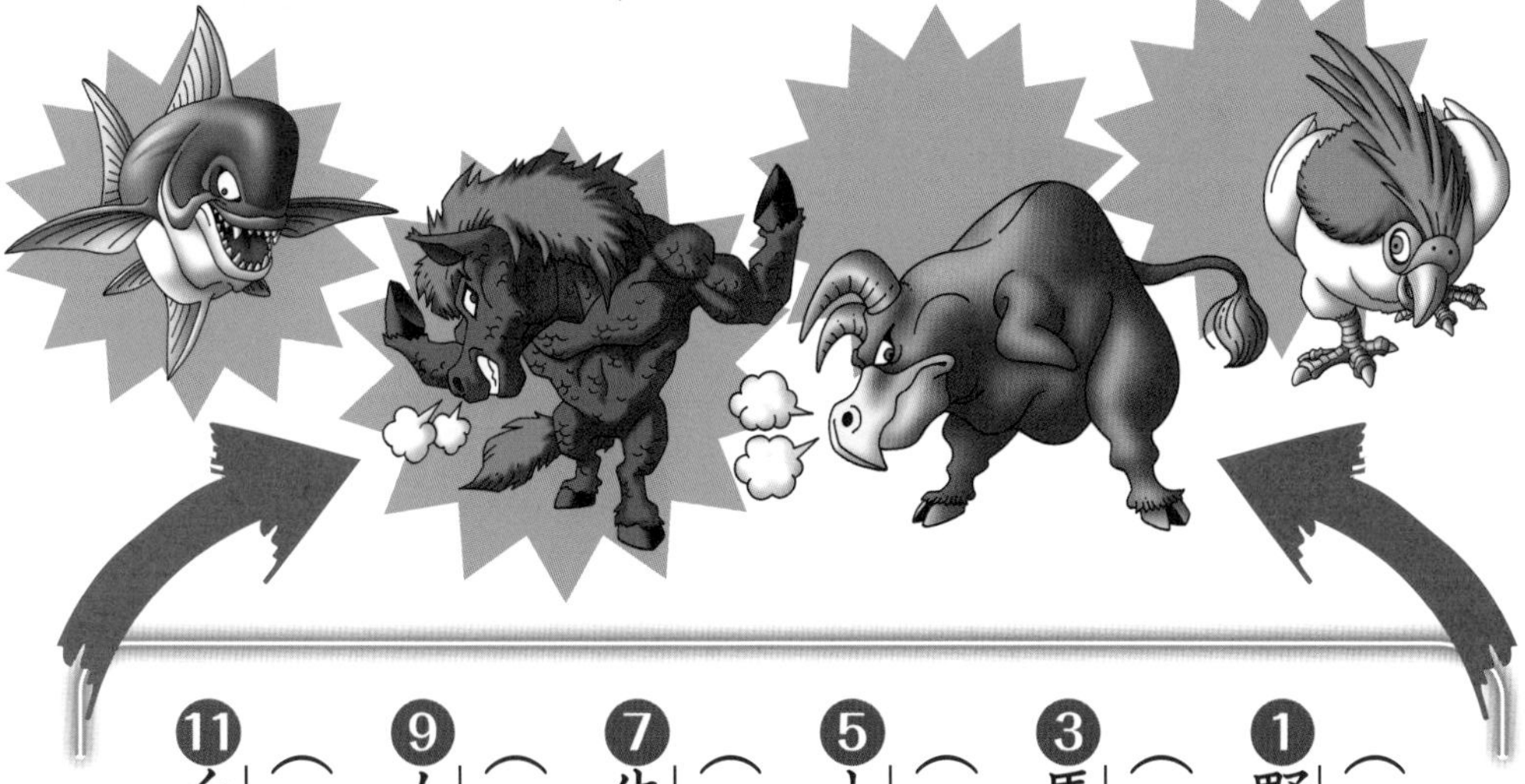

❶ 野鳥（　　）
❷ 金魚（　　）
❸ 馬車（　　）
❹ 子牛（　　）
❺ 小鳥（　　）
❻ 水牛（　　）
❼ 牛肉（　　）
❽ 子馬（　　）
❾ 人魚（　　）
❿ 絵馬（　　）
⓫ 白鳥（　　）
⓬ 牛歩（　　）

2

次《つぎ》の　□部分《ぶぶん》に　漢字《かんじ》を　書《か》いて、
モンスターを　やっつけましょう！

❶ □□百倍《ひゃくばい》（げん き）
❷ 一石《いっせき》□□（に ちょう）
❸ 百万《ひゃくまん》□□（ば りき）

クリア！

モンスターを　やっつけた！
これで　近道《ちかみち》も　安全《あんぜん》な
通《とお》り道《みち》になった！

地図《ちず》の❽に
このシールを
はろう！

クリアした日《ひ》　月《がつ》　日《にち》

キケンな　近道《ちかみち》も
これで　安全《あんぜん》だね。

みんなが　また
近道《ちかみち》を　通《とお》れるね！

9 海《うみ》ぞいの町《まち》に 向《む》かおう!

ジッテンの岩山《いわやま》

はてなスライム

地図《ちず》を 見《み》ると もう少《すこ》しで
次《つぎ》の町《まち》に 着《つ》くね!
海《うみ》に 出《で》るための 船《ふね》が
出《で》ているらしいよ!

地図《ちず》に かかれた □《え》に よると、
岩山《いわやま》の □《ほそ》い道《みち》を 進《すす》むと
ゴクゴクの町《まち》に つづいている
□《ふと》い □《ちょく》□《せん》の 道《みち》に 出《で》ます。
もくてきの ゴクゴクの町《まち》まで
もう少《すこ》しです!

この漢字《かんじ》を おぼえて 使《つか》ってみよう!

漢字	くんよみ	おんよみ
太	ふとい ふとる	タイ タ
直	ただちに なおす なおる	チョク ジキ
細	ほそい ほそる こまか こまかい	サイ
絵	―	カイ エ
線	―	セン

書《か》きじゅん

書《か》きじゅん

書《か》きじゅん

書《か》きじゅん

書《か》きじゅん

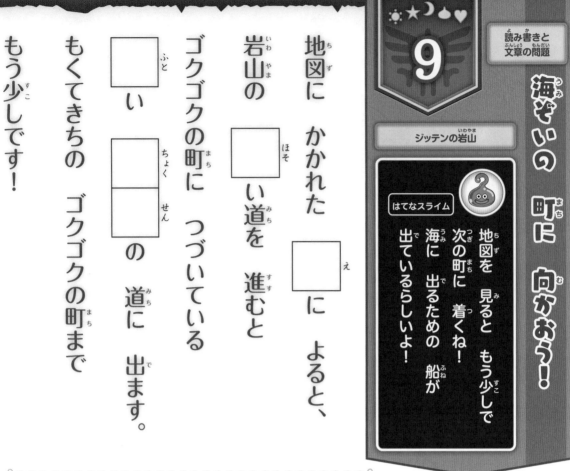

1

漢字《かんじ》の チカラを 身《み》につけるために、次《つぎ》の ——部分《ぶぶん》の 漢字《かんじ》の 読《よ》み方《かた》を （　）に 書《か》いてみましょう！

❶ 細長（　　）い 道《みち》を ゆっくりと 歩《ある》く。

❷ 絵画（　　）のような 美《うつく》しい けしきが 広《ひろ》がる。

❸ 草原《そうげん》に 大《おお》きな 丸太（　　）が 転《ころ》がっている。

❹ 曲《ま》がった ぶきを 直（　　）す。

❺ 一人旅《ひとりたび》が 心細（　　）かった はてなスライム。

❻ 正直（　　）者《もの》の はてなスライム。

❼ はてなスライムと 目線（　　）を 合《あ》わせる。

2

漢字《かんじ》の チカラを レベルアップするために、次《つぎ》の 上《うえ》の 言葉《ことば》と 反対《はんたい》の 意味《いみ》の 言葉《ことば》を、□部分《ぶぶん》に 書《か》いてみましょう！

❶ 細《ほそ》い ⇕ □

❷ 少《すく》ない ⇕ □

❸ 古《ふる》い ⇕ □

❹ 遠《とお》い ⇕ □

できるだけ 漢字《かんじ》で 書《か》いてみてね！

クリア！

ゴクゴクの町《まち》に 着《つ》いた！ とちゅうで ちいさなメダルを 拾《ひろ》った！

地図《ちず》の❾に このシールを はろう！

クリアした日《ひ》　月《がつ》　日《にち》

広《ひろ》い 通《とお》り道《みち》が つづいているわね。

あ！ 大《おお》きな 町《まち》が 見《み》えてきたよ！

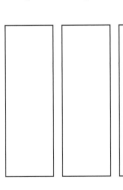

新《あたら》しい町《まち》でのお買《か》い物《もの》

ゴクゴクの町《まち》

ゆうしゃ・男《おとこ》の子《こ》
大《おお》きな 町《まち》だね。たくさんの お店《みせ》があるよ！ まずは ぶき屋《や》に 入《はい》ってみようよ！

ゴクゴクの町《まち》の お□《みせ》では □《に》□《まん》ゴールドもする ぶきを □《う》っていたり、 いらなくなった そうびなどを 元《もと》の □《はん》がくで □《か》い取《と》ってくれたりします。

この漢字《かんじ》を おぼえて 使《つか》ってみよう！

漢字	くんよみ	おんよみ
万	—	マン (バン)
半	なかば	ハン
売	うる うれる	バイ
店	みせ	テン
買	かう	バイ

書《か》きじゅん

万 万 万

半 半 半 半 半

売 売 売 売 売 売 売

店 店 店 店 店 店 店 店

買 買 買 買 買 買 買 買 買 買 買 買

1

漢字《かんじ》の チカラを 身《み》につけるために、
次《つぎ》の ——部分《ぶぶん》の 漢字《かんじ》の 読《よ》み方《かた》を
（　）に 書《か》いてみましょう！

（　　）（　　）
❶ 売店の 店先に、たくさんの

（　　）
大売出しの かんばんが ならんでいる。

（　　）（　　）
❷ いそがしい 店長と 店番。

（　　）
❸ 二百万ゴールドの ごうかな ぶき。

（　　）
❹ この道《みち》の 半ばに
ぶき屋《や》がある。

（　　）（　　）
❺ 大半の 商品《しょうひん》が 半日で 売《う》り切《き》れる。

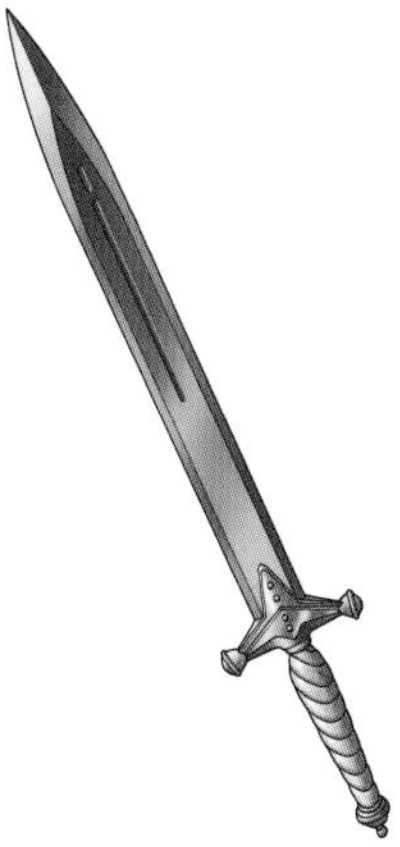

2

漢字《かんじ》の チカラを レベルアップするために、
次《つぎ》の 商品《しょうひん》を 安《やす》い じゅん番《ばん》に
□の 中《なか》に 番号《ばんごう》を ならべましょう。

❶ ひかりのつるぎ

二万《にまん》
ゴールド

❷ どうのつるぎ

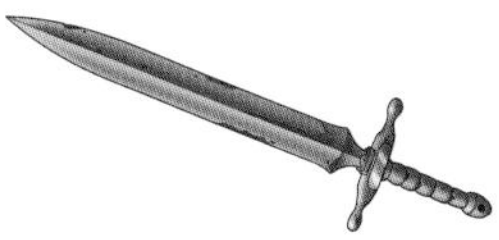

二百《にひゃく》
ゴールド

❸ たけやり

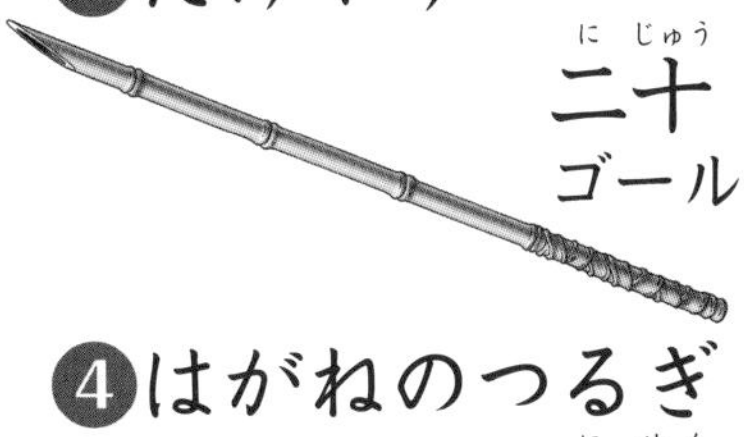

二十《にじゅう》
ゴールド

❹ はがねのつるぎ

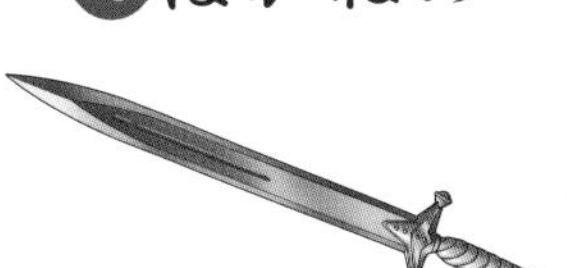

二千《にせん》
ゴールド

□
↓
□
↓
□
↓
□

クリア！

ゆうしゃたちは
はがねのつるぎを
買《か》って そうびした！

地図《ちず》の⑩に
このシールを
はろう！

クリアした日《ひ》　月《がつ》　日《にち》

買《か》った ぶきは
そうびしておこう！

あとは、道具《どうぐ》を
買《か》いに 行《い》きたいわ。

読《よ》み書《か》きの問題《もんだい》

11

役《やく》立《だ》つ 道《どう》具《ぐ》を 手《て》に入《い》れよう！

ゴクゴクの町《まち》

ゆうしゃ・女《おんな》の子《こ》

道具屋《どうぐや》で やくそうと どくけしそうを 買《か》って おきましょう。全部《ぜんぶ》で いくらに なるのかな？

やくそうを 三《さん》こ、どくけしそうを 二《に》こ 買《か》うとき、□□《ごうけい》の □《かず》と ゴールドが いくらになるか、□□《けいさん》の □《こた》えを □《かんが》えてみましょう。

やくそう
一《いっ》コ 八《はち》ゴールド

どくけしそう
一《いっ》コ 十《じゅう》ゴールド

この漢字《かんじ》を おぼえて 使《つか》ってみよう！

漢字	くんよみ	おんよみ
考	かんがえる	コウ
計	はかる はからう	ケイ
答	こたえる こたえ	トウ
数	かず かぞえる	スウ
算	―	サン

書《か》きじゅん

1

漢字《かんじ》の　チカラを　身《み》につけるために、次《つぎ》の　――部分《ぶぶん》の　漢字《かんじ》の　読《よ》み方《かた》を（　）に　書《か》いてみましょう！

❶ 手持《ても》ちの　やくそうと　どくけしそうの（　　）数を　ひとつずつ（　　）数える。

❷ やくそうが（　　）数少なく　なってきた！

❸ ぼうけんの（　　）計画を　立《た》てて　ひつような　道具《どうぐ》を（　　）一考する。

❹ 買《か》い物《もの》に　かかる　時間《じかん》を（　　）計る。

❺ お店《みせ》に　入《はい》る（　　）人数を　つたえる。

2

漢字《かんじ》の　チカラを　レベルアップするために、次《つぎ》の　□部分《ぶぶん》に　漢字《かんじ》を　書《か》いてみましょう！

❶ 手持《ても》ちの　ゴールドを　□《かぞ》える。

❷ □《あ》わせて　五《いつ》つの　道具《どうぐ》を　買《か》って、何《なん》ゴールドに　なるかを　足《た》し□《ざん》する。

クリア！

道具屋《どうぐや》で　やくそうと　どくけしそうを　買《か》って　四十四《よんじゅうよん》ゴールド　しはらった！

地図《ちず》の⑪に　このシールを　はろう！

クリアした日《ひ》　月《がつ》　日《にち》

この町《まち》には　きれいな　公園《こうえん》が　あるみたい。

その公園《こうえん》に　行《い》ってみよう！

12

読《よ》み書《か》きの問題《もんだい》

公《こう》園《えん》を　あらすのは　だ〜れ？

ゴクゴクの町《まち》

女《おんな》の子《こ》

町《まち》の　公園《こうえん》には　小鳥《ことり》たちが
遊《あそ》びに　来《き》てたの。だけど
モンスターが　すみついて、
だれも　近《ちか》よれないの……。

町《まち》の　□《こう》□《えん》に　□《こ》□《とり》たちの
□《はね》が　たくさん　落《お》ちています。
おそろしい　モンスターが
やって□《き》て　すみついてしまい、
町《まち》の　人《ひと》たちも　近《ちか》よれなく
なっているそうです。

この漢字《かんじ》を　おぼえて　使《つか》ってみよう！

漢字	くんよみ	おんよみ
公	(おおやけ)	コウ
毛	け	モウ
羽	は はね	(ウ)
来	くる (きたる) (きたす)	ライ
園	(その)	エン

書《か》きじゅん

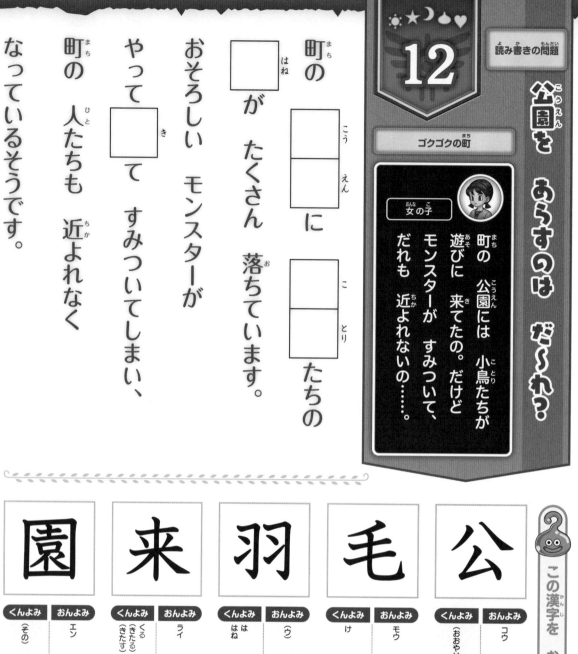

1

漢字《かんじ》の チカラを 身《み》につけるために、読《よ》み方《かた》の ちがう 二《ふた》つの 漢字《かんじ》の ――部分《ぶぶん》の 読《よ》み方《かた》を （　）に 書《か》いてみましょう！

①

・（　　）毛糸《いと》の マフラー。

・（　　）毛筆《ひっ》の 手紙《てがみ》。

・たんぽぽの（　　）わた毛

②

・（　　）羽を 広《ひろ》げる。

・（　　）白《しら》羽の 矢《や》。

・（　　）千羽づるを おる。

③

・友《とも》だちが 遊《あそ》びに（　　）来る。

・（　　）来週《しゅう》の 予定《よてい》を 考《かんが》える。

2

漢字《かんじ》の チカラを レベルアップするために、次《つぎ》の □部分《ぶぶん》に 漢字《かんじ》を 書《か》いてみましょう！

① 王様《おうさま》の ゆうしゅうな □《け》□《らい》。

② 近所《きんじょ》に すむ □《み》□《け》ネコが こちらに □《く》る。

③ 動物《どうぶつ》□《えん》の □《えん》□《ちょう》さん。

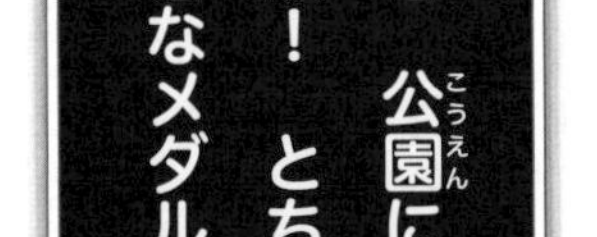

町中《まちなか》を 公園《こうえん》に 向《む》かって 進《すす》んだ！ とちゅうで ちいさなメダルを 拾《ひろ》った！

地図《ちず》の⑫に このシールを はろう！

みんなの 公園《こうえん》なのに ゆるせないね。

うん。モンスターを やっつけよう！

クリアした日《ひ》　月《がつ》　日《にち》

公園《こうえん》の平和《へいわ》を取《と》りもどそう!

ゴクゴクの町《まち》

ベビル

この キレイな 公園《こうえん》は
オレたちが もらうぜ〜!
町《まち》も 漢字《かんじ》も 全部《ぜんぶ》
オレたちの ものにするぜ〜!

公園《こうえん》に すみついて
してしまった
悪《わる》いモンスター、
ベビルたちを
漢字《かんじ》の チカラで
やっつけましょう!

❶
来 ▼ □　羽 ▼ □

❷
図 ▼ □　国 ▼ □

❸
茶 ▼ □　馬 ▼ □

❹
原 ▼ □　活 ▼ □

❺
外 ▼ □　内 ▼ □

ここまでの
ぼうけんで
守《まも》ってきた
漢字《かんじ》が
ならんでるね!

漢字《かんじ》の　画数《かくすう》の　数字《すうじ》が
ベビルに　あたえる　ダメージに
なります！　問題《もんだい》❶～❾の　漢字《かんじ》の
画数《かくすう》を　□の　中《なか》に　漢字《かんじ》で
書《か》きましょう。さらに　それぞれの
問題《もんだい》の　中《なか》で　画数《かくすう》が　多《おお》い　漢字《かんじ》に
○をつけて　こうげきしましょう！

❻

米	同	走
□	□	□

❼

角	門	食
□	□	□

❽

場	数	細
□□	□□	□□

❾

園	算	線
□□	□□	□□

より　高《たか》い　ダメージで
こうげきできれば
二体《にたい》とも　たおせるよ！

クリア！

ベビルたちを　やっつけた！
町《まち》の人《ひと》から　お礼《れい》に　船《ふね》の
チケットを　もらった！

地図《ちず》の⑬に
このシールを
はろう！

クリアした日《ひ》　月《がつ》　日《にち》

これで　また　公園《こうえん》で
みんなで　遊《あそ》べるわ。

船《ふね》の　チケットも
もらったよ！

14

読《よ》み書《か》きの問題《もんだい》

海《うみ》を こえて 次《つぎ》の 村《むら》へ！

コクーゴ海《かい》

はてなスライム

もらった チケットで ブシュの村《むら》行《ゆ》きの 船《ふね》に 乗《の》れば、次《つぎ》の村《むら》に 行《い》けるみたいだよ！

ブシュの村《むら》行《ゆ》きの □《ふね》は、
□《き》車《しゃ》よりも はやい スピードで
□《こう》□《だい》な □《うみ》を しずかに
進《すす》んで □《い》きます。
しかし、しばらくすると
海《うみ》が あれてきました！

この漢字《かんじ》を おぼえて 使《つか》ってみよう！

漢字	くんよみ	おんよみ
広	ひろい ひろまる ひろめる ひろがる ひろげる	コウ
行	いく ゆく おこなう	コウ ギョウ
汽	—	キ
海	うみ	カイ
船	ふね ふな	セン

書《か》きじゅん

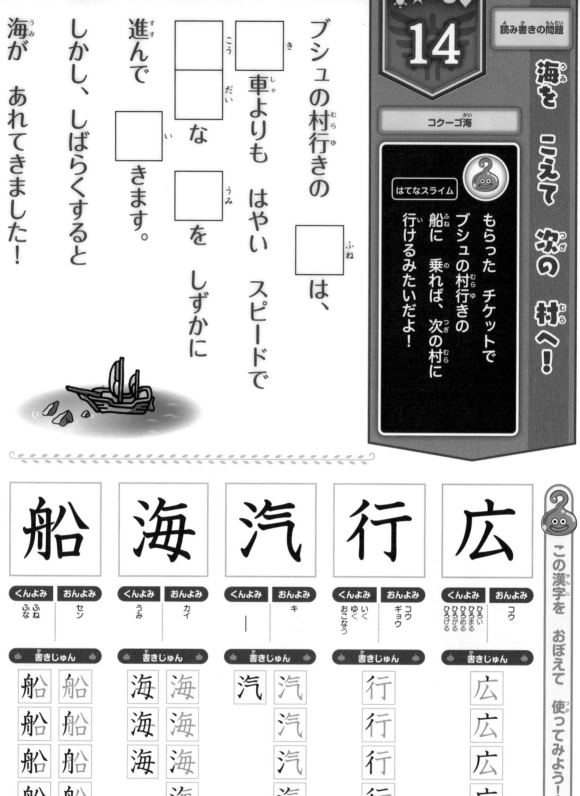

1

漢字《かんじ》の　チカラを　身《み》につけるために、
次《つぎ》の　——部分《ぶぶん》の　漢字《かんじ》の　読《よ》み方《かた》を
（　）に　書《か》いてみましょう！

❶ ゆうしゃ　一行の　船出。
（　　）（　　）

❷ 船上から　広野を　ふり返《かえ》って　見《み》る。
（　　）（　　）

❸ 次《つぎ》の　村《むら》に　直行する　船。
（　　）（　　）

❹ 海鳥が　海草を　ついばむ。
（　　）（　　）

❺ 海水を　なめると　ちょっと　しょっぱい。
（　　）

❻ 広い　空《そら》に　風船を　とばす。
（　　）（　　）

❼ 雲行きが　あやしくなる。
（　　）

2

漢字《かんじ》の　チカラを　レベルアップするために、
次《つぎ》の　□部分《ぶぶん》に　漢字《かんじ》を　書《か》いてみましょう！

❶ □《ひろ》□《ば》で　遊《あそ》ぶ。

❷ □《き》□《しゃ》に　乗《の》る。

❸ □《きん》□《かい》の　□《かい》□《じょう》を　進《すす》む。

❹ 船《ふね》の　□《せん》□《しつ》で　休《やす》む。

❺ □《ぎょう》□《ずい》して　体《からだ》を　あらう。

クリア！

ブシュの村《むら》行《ゆ》きの
船《ふね》に　乗《の》って
海《うみ》を　進《すす》んだ！

地図《ちず》の⑭に
このシールを
はろう！

クリアした日《ひ》　　月《がつ》　　日《にち》

海《うみ》って　どこまでも
水《みず》が　広《ひろ》がってるね！

風《かぜ》も　気持《きも》ちいいけど
少《すこ》し　くもってきたよ。

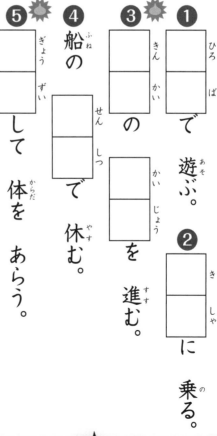

15

読《よ》み書《か》きの問題《もんだい》

海《うみ》で わかめ王子《おうじ》と 対決《たいけつ》！

コクーゴ海《かい》

わかめ王子《おうじ》

海《うみ》で ラララ〜♪
船《ふね》も 漢字《かんじ》も 水《みず》の うずに
飲《の》みこんで ばらばらに
はかいするよ〜♪

はげしい 雨《あめ》や 風《かぜ》の 音《おと》に
まぎれて、□《たの》しそうな □《うた》□《ごえ》が
□《き》こえてきました。かみなりが
□《な》る リズムに 合《あ》わせて
わかめ王子《おうじ》が □《うた》って
海《うみ》を あれさせていたのです！

わかめ王子

この漢字《かんじ》を おぼえて 使《つか》ってみよう！

漢字	くんよみ	おんよみ
声	こえ (こわ)	セイ
楽	たのしい たのしむ	ガク ラク
歌	うた うたう	カ
聞	きく きこえる	ブン
鳴	なく なる ならす	メイ

書《か》きじゅん

1

わかめ王子《おうじ》の　歌声《うたごえ》は、歌《うた》の　――部分《ぶぶん》の　漢字《かんじ》の　読《よ》み方《かた》を（　）に　書《か》くと　止《と》められます！　歌声《うたごえ》を　止《と》めましょう！

ラララララ～　わたしは　海《うみ》の　❶（　　）歌手～♪
❷（　　）音楽が　大《だい》すきで～　❸（　　）気楽に　歌《うた》うと～
海《うみ》が　ものすごく　あれるよ～♪
ラララララ～　歌《うた》うと　心《こころ》が　❹（　　）高鳴り～♪
海《うみ》での　わたしの　❺（　　）名声も　高《たか》まり～
しずんだ　船《ふね》に　乗《の》っていた　みなさんは～
とっても　とっても　❻（　　）聞き上手《じょうず》～♪

2

次《つぎ》の　□部分《ぶぶん》に　漢字《かんじ》を　書《か》いて、わかめ王子《おうじ》の　歌《うた》が　外《そと》に　もれないようにして　やっつけましょう！

❶ □《こう》□《か》を　歌《うた》う。

❷ □《おお》□《ごえ》を　出《だ》す。

❸ □《しん》□《ぶん》を　読《よ》む。

❹ 小犬《こいぬ》が　□《な》く。

クリア！

わかめ王子《おうじ》を　やっつけた！
あれた　海《うみ》が　元《もと》の
しずかな　海《うみ》に　もどった！

地図《ちず》の⑮に
このシールを
はろう！

ひどい　歌《うた》だった……。
船《ふね》よりも　よいそう。

しばらく　船旅《ふなたび》は
したくないかも。

クリアした日《ひ》　　月《がつ》　　日《にち》

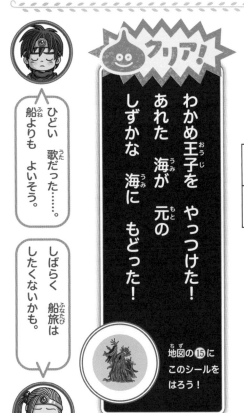

16

読《よ》み書《か》きと 文章《ぶんしょう》の問題《もんだい》

村長《そんちょう》さんの 子《こ》ネコを さがそう

ブシュの村《むら》

村長《そんちょう》さん

ようこそ、ブシュの村《むら》へ。
しかし すみません、家《うち》の
ネコが 見当《みあ》たらなくて
こまってしまっています……。

□《そん》□《ちょう》さんの 家《うち》には
ネコが 四《よん》ひき いました。
□《あね》、□《いもうと》、□《きょう》□《だい》が いますが
□《おとうと》ネコが きのうから
見当《みあ》たらないようです。
さがしてあげましょう。

妹《いもうと》ネコ　姉《あね》ネコ　兄《あに》ネコ

弟《おとうと》ネコ

この漢字《かんじ》を おぼえて 使《つか》ってみよう!

漢字	くんよみ	おんよみ
兄	あに	キョウ (ケイ)
弟	おとうと	ダイ (テイ) (デ)
妹	いもうと	(マイ)
姉	あね	(シ)
長	ながい	チョウ

書《か》きじゅん

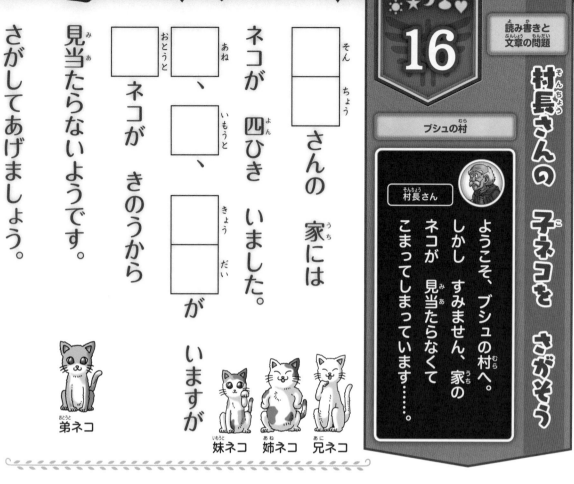

1

読《よ》み方《かた》が 正《ただ》しい 漢字《かんじ》に ○を つけながら 弟《おとうと》ネコを さがして、ゴールを 目指《めざ》しましょう。

姉《あね》	校長《こうちょう》	長雨《ながあめ》		長女《ちょうじょ》	スタート
長年《ながねん》	町長《まちなが》	兄《あに》	市長《いちちょう》	室長《しつちょう》	長男《ながおとこ》
弟《おとうと》	兄《きょう》弟《おとうと》	妹《いもうと》	長話《ながばなし》	社長《しゃちょう》	妹《あね》
ゴール	長《ちょう》ぐつ		弟分《だいぶん》	店長《みせちょう》	

2

四《よん》ひき兄弟《きょうだい》の ネコたちについて 知《し》るために、次《つぎ》の ——部分《ぶぶん》の 漢字《かんじ》の 読《よ》み方《かた》を （ ）に 書《か》いてみましょう！

❶ 一番《いちばん》 身《しん》長（ ）が 高《たか》いのは 兄（ ）ネコだ。

❷ 長（ ）女（ ）の 姉（ ）ネコは 元気《げんき》いっぱい。

❸ 妹（ ）ネコと 弟（ ）ネコは なかよしだ。

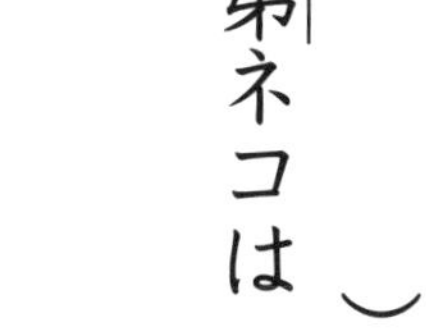

クリア！

村長《そんちょう》さんの ネコを 見《み》つけてあげた！

地図《ちず》の⑯に このシールを はろう！

クリアした日《ひ》　月《がつ》　日《にち》

子《こ》ネコが 見《み》つかって よかったね！

ほかの ネコたちも よろこんでいるよ！

17 ふしぎなお守《まも》りを 見《み》つけよう

ブシュの村《むら》

村長《そんちょう》さん

ジュクゴーの森《もり》に
ふしぎなお守《まも》りが あるらしい。
ぼうけんに 役立《やくだ》つなら
さがしてみては どうかな。

昔《むかし》 □《よ》んだ 本《ほん》に
ルビスの守《まも》りという お守《まも》りの
お□《はなし》が □《しる》されていたと
村長《そんちょう》さんが □《かた》ってくれました。
お礼《れい》を □《い》って、お守《まも》りを
さがしに 行《い》きましょう。

この漢字《かんじ》を おぼえて 使《つか》ってみよう!

漢字	くんよみ	おんよみ
言	いう こと	ゲン ゴン
記	しるす	キ
話	はなす はなし	ワ
語	かたる かたらう	ゴ
読	よむ	ドク トク トウ

書《か》きじゅん

書《か》きじゅん

書《か》きじゅん

書《か》きじゅん

書《か》きじゅん

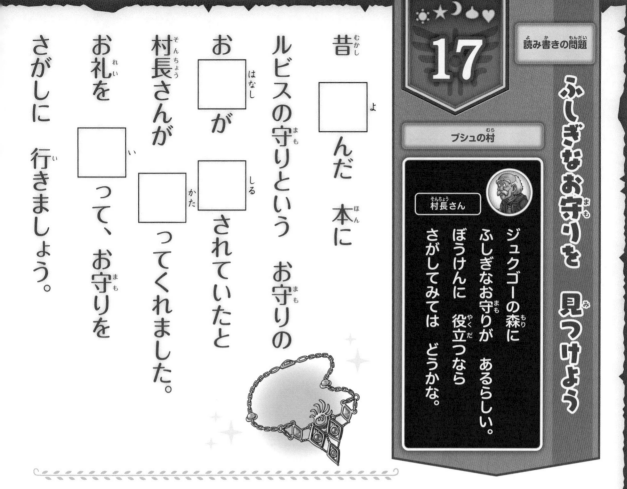

1

漢字《かんじ》の チカラを 身《み》につけるために、次《つぎ》の ——部分《ぶぶん》の 漢字《かんじ》の 読《よ》み方《かた》を （　）に 書《か》いてみましょう！

❶ 村長《そんちょう》さんは 本《ほん》が すきな 読書家だ。
（　　　　）

❷ 本《ほん》の ないようについて 会話する。
（　　　　）

❸ 友《とも》だちと 方言で 長話をする。
（　　　　）（　　　　）

❹ 言葉を 話せる はてなスライム。
（　　　　）（　　　　）

❺ 今日一日《きょういちにち》の ぼうけんの できごとを 日記に 記入する。
（　　　　）（　　　　）（　　　　）

❻ 文《ぶん》の 区切《くぎ》りに 読点を 入《い》れる。
（　　　　）

2

漢字《かんじ》の チカラを レベルアップするために、次《つぎ》の □部分《ぶぶん》に 漢字《かんじ》を 書《か》いてみましょう！

❶ □□□《にほんご》で 「ありがとう！」と、□□《ひとこと》 お礼《れい》を つたえる。

❷ 本《ほん》を □《よ》み聞《き》かせる。

❸ □《わ》題《だい》の 森《もり》まで 歩《ある》く。

村長《そんちょう》さん、地図《ちず》と お話《はなし》を ありがとう！

クリア！

ジュクゴーの森《もり》へ 出発《しゅっぱつ》した！
ネコが ちいさなメダルを 拾《ひろ》ってきてくれた！

地図《ちず》の⑰に このシールを はろう！

ルビスの守《まも》りを さがしてみよう！

クリアした日《ひ》　月《がつ》　日《にち》

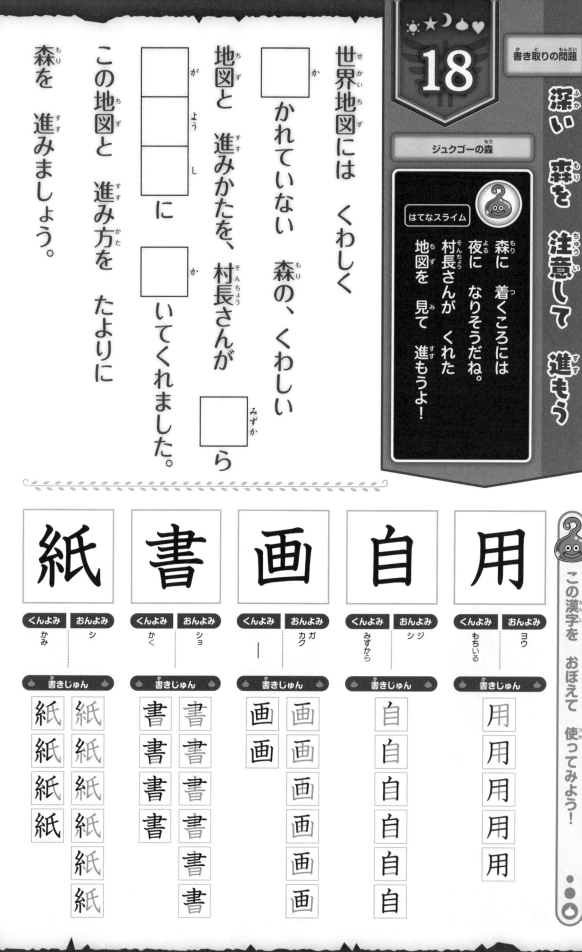

18

書《か》き取《と》りの問題《もんだい》

深《ふか》い　森《もり》を　注意《ちゅうい》して　進《すす》もう

ジュクゴーの森《もり》

はてなスライム

森《もり》に　着《つ》くころには
夜《よる》に　なりそうだね。
村長《そんちょう》さんが　くれた
地図《ちず》を　見《み》て　進《すす》もうよ！

世界地図《せかいちず》には　くわしく
□《か》かれていない　森《もり》の、くわしい
地図《ちず》と　進《すす》みかたを、村長《そんちょう》さんが　□《みずか》ら
□□□《がようし》に　□《か》いてくれました。
この地図《ちず》と　進《すす》み方《かた》を　たよりに
森《もり》を　進《すす》みましょう。

この漢字《かんじ》を　おぼえて　使《つか》ってみよう！

漢字	くんよみ	おんよみ
用	もちいる	ヨウ
自	みずから	シ　ジ
画	—	ガ　カク
書	かく	ショ
紙	かみ	シ

書《か》きじゅん

ジュクゴーの森《もり》は　大《おお》きく　深《ふか》い　森《もり》です。
まよいやすので、地図《ちず》を　たよりに
□部分《ぶぶん》に　漢字《かんじ》を　書《か》きながら、
ゆっくり　森《もり》を　進《すす》みましょう。

スタート

1 □《よう》□《じん》して進《すす》む

2 □《じ》□《ぶん》の出番《でばん》

3 漢字《かんじ》の□《かく》□《すう》

4 道具《どうぐ》を□《もち》いる

5 □《て》□《が》きの□《て》□《がみ》

6 □《じ》□《さく》のぶき

7 □《が》□《か》の絵《え》

8 □《けい》□《かく》を立《た》てる

9 □《かみ》□《ふう》□《せん》で遊《あそ》ぶ

10 □《しょ》□《どう》で□《はん》□《し》を使《つか》う

ゴール

クリア！

地図《ちず》を　たよりに　森《もり》を
進《すす》んだ！　とちゅうで
ちいさなメダルを　拾《ひろ》った！

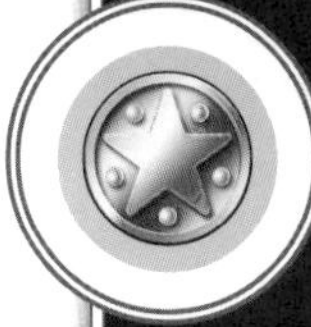

地図《ちず》の⑱に
このシールを
はろう！

村長《そんちょう》さんに　地図《ちず》を
もらえて　よかったね。

暗《くら》い　森《もり》の　中《なか》でも
まよわずに　進《すす》めるわ。

クリアした日《ひ》　　月《がつ》　　日《にち》

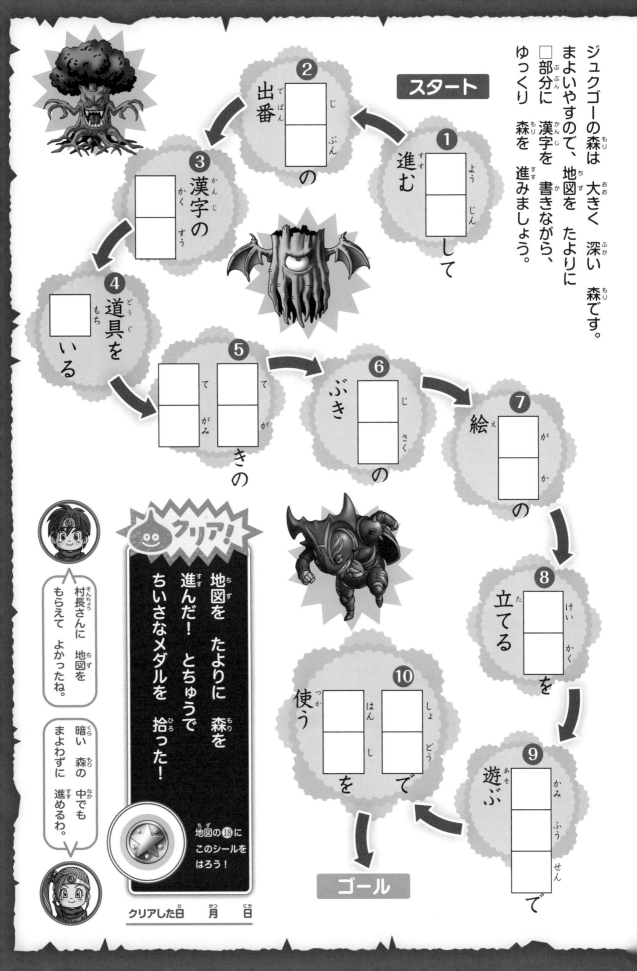

19

読《よ》み書《か》きの問題《もんだい》

森《もり》の ほこらを 目指《めざ》そう

ジュクゴーの森《もり》

はてなスライム

月《つき》や 星《ほし》が かがやいていて
森《もり》の 中《なか》でも 道《みち》が 見《み》えて
歩《ある》きやすいね。もう少《すこ》しで
森《もり》の おくに 着《つ》きそうだよ！

夜《よる》の 森《もり》を □《ほし》の □《ひかり》が、
□《あか》るく てらしています。
□《よ》が □《あ》けて □《あさ》が
くるころまで 歩《ある》くと、ゆうしゃたちは
森《もり》の おくに ある ほこらの
前《まえ》に たどりつきました。

この漢字《かんじ》を おぼえて 使《つか》ってみよう！

漢字	くんよみ	おんよみ
光	ひかる ひかり	コウ
夜	よ よる	ヤ
明	あかり・あかるい あかるむ・あからむ あきらか・あける あく・あくる あかす	メイ ミョウ
星	ほし	セイ (ショウ)
朝	あさ	チョウ

書《か》きじゅん

光 光 光 光 光 光

夜 夜 夜 夜 夜 夜 夜 夜

明 明 明 明 明 明 明 明

星 星 星 星 星 星 星 星 星

朝 朝 朝 朝 朝 朝 朝 朝 朝 朝 朝 朝

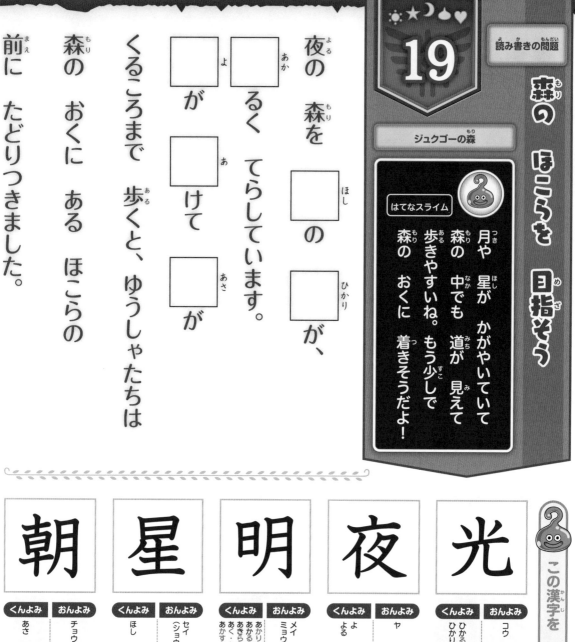

1

漢字《かんじ》の　チカラを　身《み》につけるために、
次《つぎ》の ——部分《ぶぶん》の　漢字《かんじ》の　読《よ》み方《かた》を
（　）に　書《か》いてみましょう！

❶（　　）星空を　見上《みあ》げて　（　　）金星を　さがす。

❷（　　）今夜は　森《もり》の　中《なか》を　（　　）明朝まで、（　　）夜通しで　歩《ある》くことになりそうだ。

❸（　　）月明かりで　できた　カゲが　のびる。

❹ 空《そら》が　（　　）明るくなり、（　　）夜明けが　近《ちか》づいてきた。

❺（　　）月光が　うすまり、（　　）日光が　さしてきた。

2

漢字《かんじ》の　チカラを　レベルアップするために、
次《つぎ》の □部分《ぶぶん》に　漢字《かんじ》を　書《か》いてみましょう！

❶ 進《すす》む　方向《ほうこう》の　□□《めぼし》を　つける。

❷ □□《ぶんめい》を　感《かん》じない　森《もり》の中《なか》。

❸ □□《よなか》は　ねむたくなる。

❹ □□《ちょうしょく》は　しっかり　食《た》べよう。

クリア！

森《もり》の　おくに　たどりついた！
とちゅうで　ちいさなメダルを
拾《ひろ》った！

地図《ちず》の⑲に
このシールを
はろう！

クリアした日《ひ》　　月《がつ》　　日《にち》

空《そら》が　少《すこ》し　明《あか》るく
なってきたね。

あれ、ほこらの　前《まえ》に
何《なに》かが　いるよ！

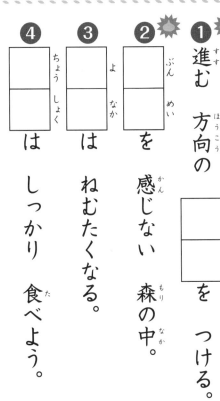

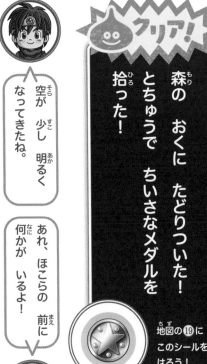

読《よ》み書《か》きの問題《もんだい》

20

強《きょう》てき！ ソルジャーブル！

ジュクゴーの森《もり》

ソルジャーブル

オレは ハーゴン様《さま》の ために
ここに 来《く》る ヤツを
まちぶせていたのだ！
ここで 旅《たび》を 終《お》えるがいい！

□《あたま》の ツノや 口《くち》のキバ、
□《かお》の 大《おお》きい モンスターが
あらわれました！
□《くび》や □《からだ》も
太《ふと》くて、きん□《にく》もりもりの
強《つよ》そうな モンスターです！

ソルジャーブル

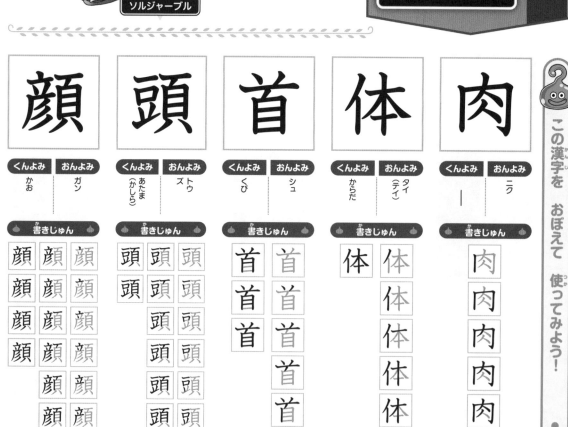

この漢字《かんじ》を おぼえて 使《つか》ってみよう！

漢字	くんよみ	おんよみ
肉	—	ニク
体	からだ	タイ（テイ）
首	くび	シュ
頭	あたま（かしら）	トウ ズ
顔	かお	ガン

書《か》きじゅん

1

ソルジャーブルは　ものすごく　大《おお》きな声《こえ》を
出《だ》して　漢字《かんじ》を　こわそうと　してきました！
——部分《ぶぶん》の　漢字《かんじ》の　読《よ》み方《かた》を（　）に
書《か》いて、漢字《かんじ》の　はかいを　止《と》めましょう！

① 体当たり（　）

② 店頭（　）

③ 朝顔（　）

④ 頭上（　）

⑤ 船首（　）

⑥ 肉体（　）

⑦ 手首（　）

⑧ 石頭（　）

⑨ 船頭（　）

⑩ 顔面《めん》（　）

2

ソルジャーブルは　大声《おおごえ》を　出《だ》しすぎて
つかれています！　次《つぎ》の□部分《ぶぶん》に　漢字《かんじ》を
書《か》いて、モンスターを　やっつけましょう！

① 一心《いっしん》□□《どうたい》

② □□□《かおみし》り

③ □□《じゃくにく》強食《きょうしょく》

クリア！

ソルジャーブルを　やっつけた！
ルビスの守《まも》りを
手《て》に入《い》れた！

地図《ちず》の⑳に
このシールを
はろう！

クリアした日《ひ》　　月《がつ》　　日《にち》

ふしぎな　お守《まも》りね。
なんだか　あたたかい。

それじゃ、このまま
岩山《いわやま》を　目指《めざ》そう。

21

読《よ》み書《か》きと文章《ぶんしょう》の問題《もんだい》

岩山《いわやま》のどうくつの先《さき》へ

へいしのつめ所《しょ》

見《み》はりのへいし

岩山《いわやま》は　夜《よる》に　モンスターが
出《で》て　キケンなんだ。夜《よる》に
だれも　通《とお》らないように
見《み》はっているんだ。

岩山《いわやま》の　入口《いりぐち》にいる　へいしが
「□□《まいしゅう》、□□□《げつようび》から
□□□《きんようび》の　朝《あさ》□□《じゅうじ》から
□□□□《ごじっぷんかん》だけが
岩山《いわやま》を　通《とお》れる　□□《じかん》だよ」と
教《おし》えてくれました。

この漢字《かんじ》を　おぼえて　使《つか》ってみよう！

漢字	くんよみ	おんよみ
分	わける わかれる わかる わかつ	ブン フン ブ
毎	—	マイ
時	とき	ジ
週	—	シュウ
曜	—	ヨウ

書《か》きじゅん

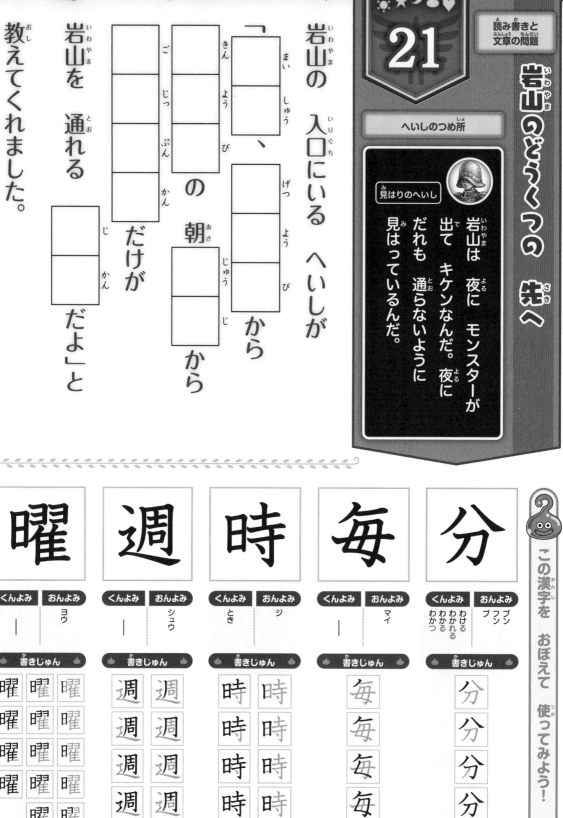

1

漢字《かんじ》の チカラを 身《み》につけるために、
次《つぎ》の 問題《もんだい》の 答《こた》えを □の 中《なか》に
漢字《かんじ》で 書《か》きましょう!

❶ 火曜日《かようび》の 次《つぎ》の日《ひ》は 何曜日《なんようび》ですか。

□□□

❷ この時計《とけい》の時間《じかん》は 何時何分《なんじなんぷん》ですか

□ 時《じ》 □□ 分《ふん》

❸ 一週間《いっしゅうかん》は 何日《なんにち》ですか。

□□

2

漢字《かんじ》の チカラを 身《み》につけるために、
次《つぎ》の ——部分《ぶぶん》の 漢字《かんじ》の 読《よ》み方《かた》を
（　）に 書《か》いてみましょう!

❶ 毎日（　　）八時（　　）に 見《み》まわりをする。

❷ 毎朝（　　） きちんと あいさつを する。

❸ おかしを 三等《さんとう》分（　　）に 分（　　）ける。

クリア!

オンクーンの岩山《いわやま》に 入《はい》った! とちゅうで ちいさなメダルを 拾《ひろ》った!

地図《ちず》の㉑に このシールを はろう!

クリアした日《ひ》　　月《がつ》　　日《にち》

夜《よる》になる前《まえ》に 通《とお》りぬけたいね。

ちょっと 早足《はやあし》で 進《すす》みましょう。

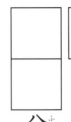

22

読《よ》み書《か》きの問題《もんだい》

正《ただ》しい とびらを 進《すす》もう

オンクーンの岩山《いわやま》

はてなスライム

入口《いりぐち》にいた へいしさんが 岩山《いわやま》の 進《すす》み方《かた》を 教《おし》えてくれたね。気《き》をつけて 先《さき》に 進《すす》もう！

岩山《いわやま》の 道《みち》には □《あか》、□《あお》、□《き》□《いろ》、□《くろ》の □《よん》□《しょく》の とびらが あるんだ。□《き》□《いろ》と □《くろ》の □《と》だけを □《ひ》いて 進《すす》めば 安全《あんぜん》に 先《さき》に 進《すす》めるよ。

この漢字《かんじ》を おぼえて 使《つか》ってみよう！

漢字	くんよみ	おんよみ
引	ひく ひける	イン
戸	と	コ
色	いろ	ショク シキ
黄	き (こ)	オウ (コウ)
黒	くろ くろい	コク

引 書《か》きじゅん

戸 書《か》きじゅん

色 書《か》きじゅん

黄 書《か》きじゅん

黒 書《か》きじゅん

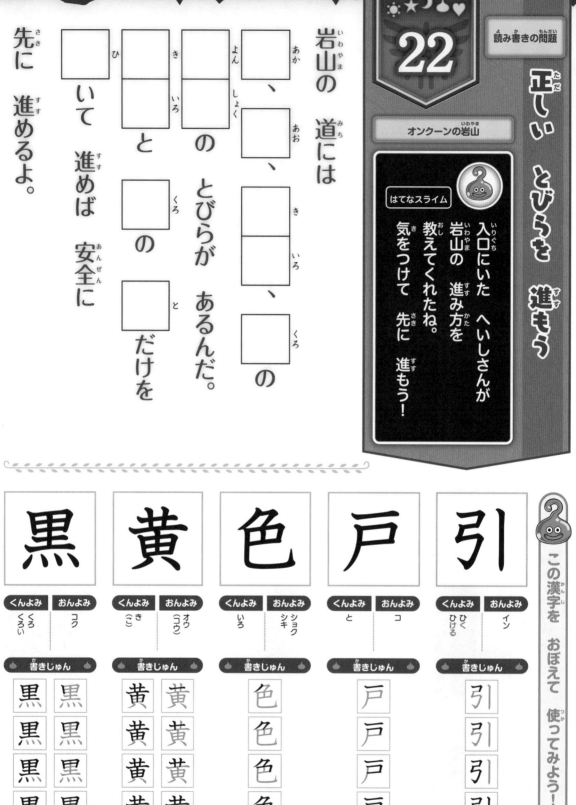

❶

岩山《いわやま》の　道《みち》は　黄色《きいろ》と　黒《くろ》の
戸《と》だけを　えらべば　先《さき》に　進《すす》めます。
ひと部屋《へや》　進《すす》むごとに　漢字《かんじ》が　一文字《ひともじ》
出《で》てきます。下《した》の　❷の　□の　中《なか》に
出《で》てきた　漢字《かんじ》を　じゅん番《ばん》に　一文字《ひともじ》ずつ
書《か》きながら　ゴールを　目指《めざ》しましょう。

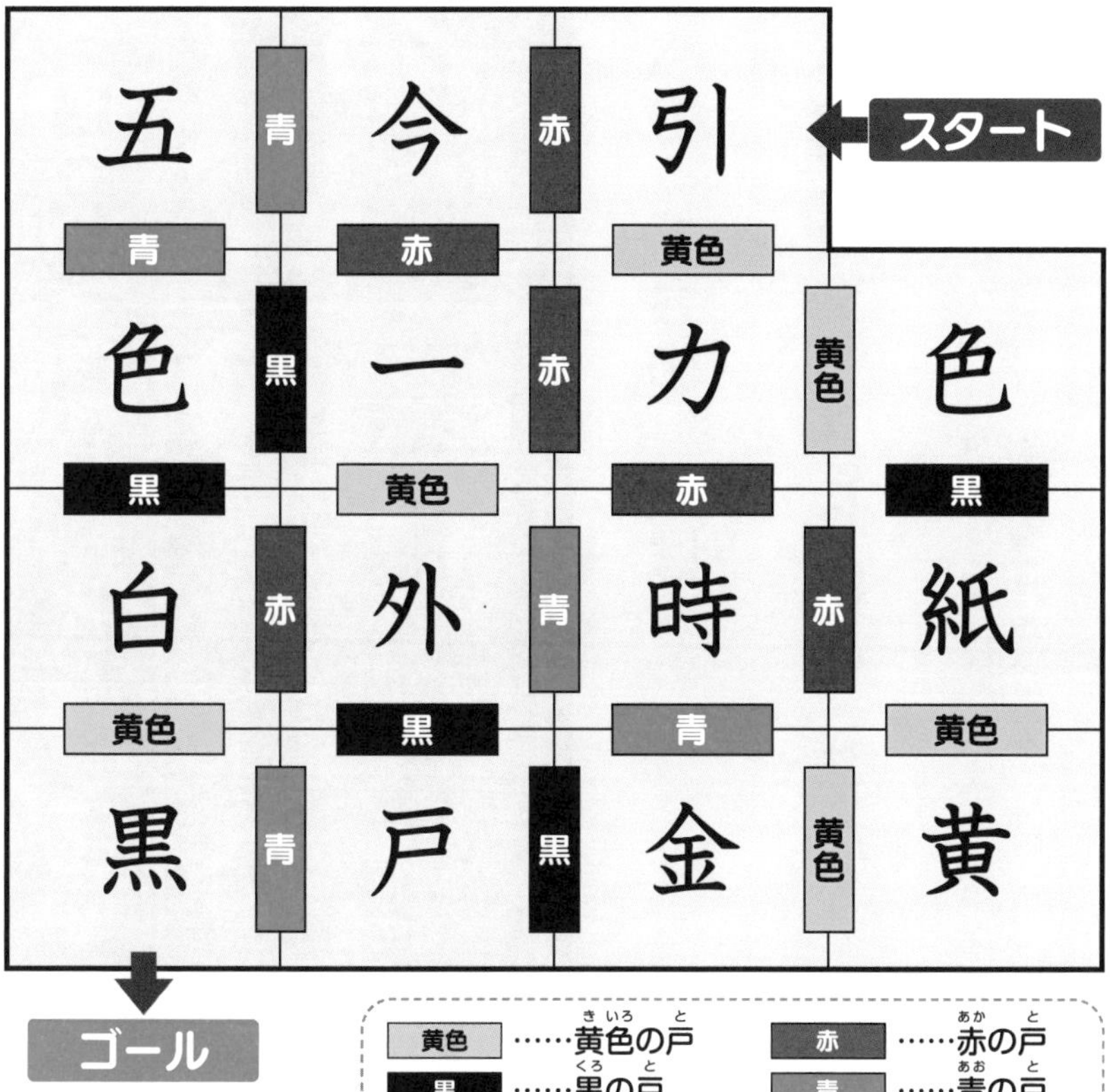

スタート
五
青
今
赤
引
青
赤
黄色
色
黒
一
赤
力
黄色
色
黒
黄色
赤
黒
白
赤
外
青
時
赤
紙
黄色
黒
青
黄色
黒
青
戸
黒
金
黄色
黄
ゴール

黄色 ……黄色《きいろ》の戸《と》　赤 ……赤《あか》の戸《と》
黒 ……黒《くろ》の戸《と》　青 ……青《あお》の戸《と》

❷

じゅん番《ばん》に　書《か》いた　❶の　漢字《かんじ》は、六《むっ》つの
二文字《ふたもじ》の　言葉《ことば》に　なっています。その言葉《ことば》の
読《よ》み方《かた》を　（　）の中《なか》に　書《か》きましょう。

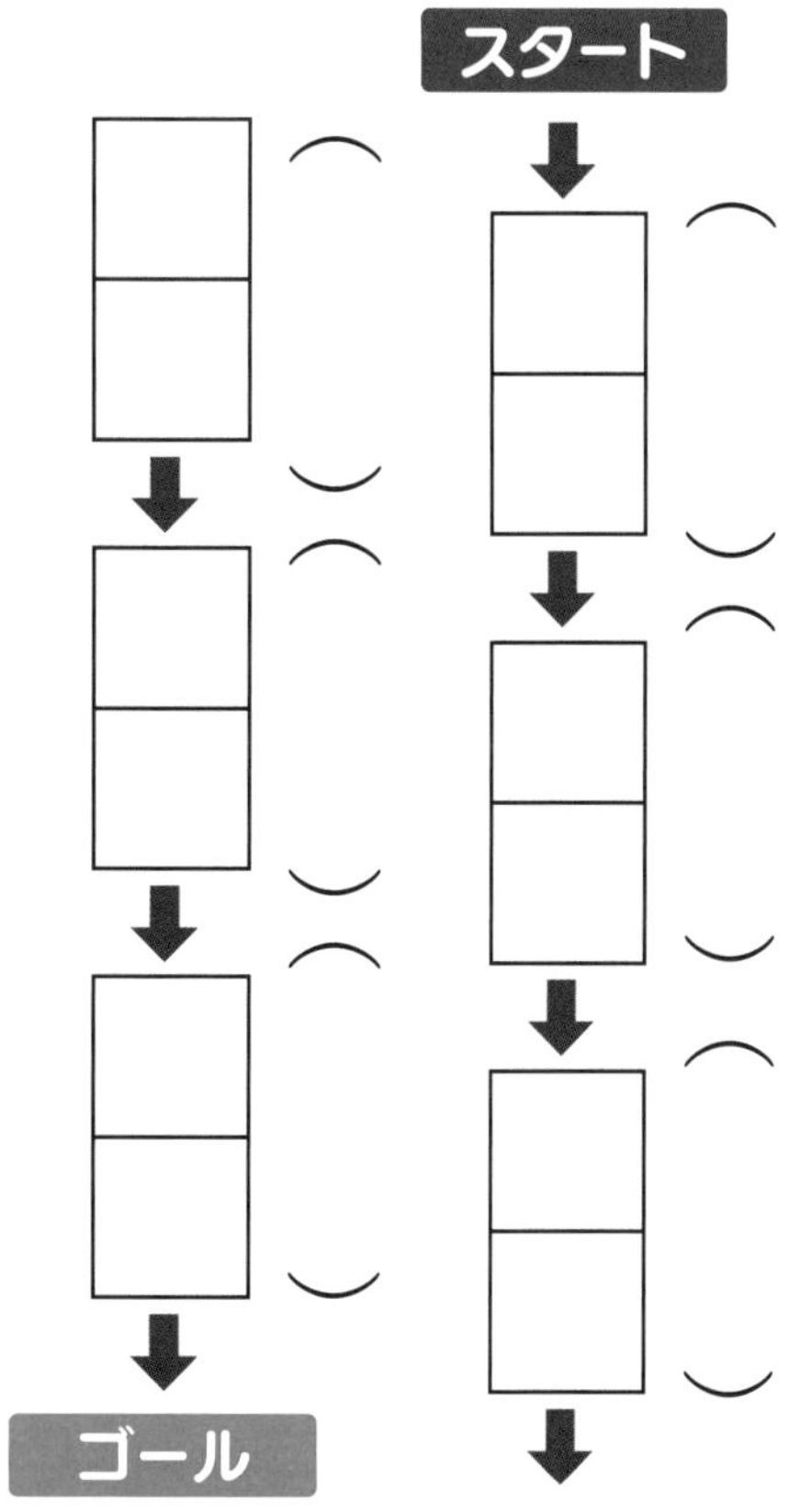

スタート
（　）
（　）
（　）
（　）
（　）
（　）
ゴール

クリア!

オンクーンの岩山《いわやま》を
先《さき》に　進《すす》んだ！　とちゅうで
ちいさなメダルを　拾《ひろ》った！

地図《ちず》の㉒に
このシールを
はろう！

クリアした日《ひ》　月《がつ》　日《にち》

たくさん　戸《と》が
あったね。

まよわずに　進《すす》めて
よかったわ。

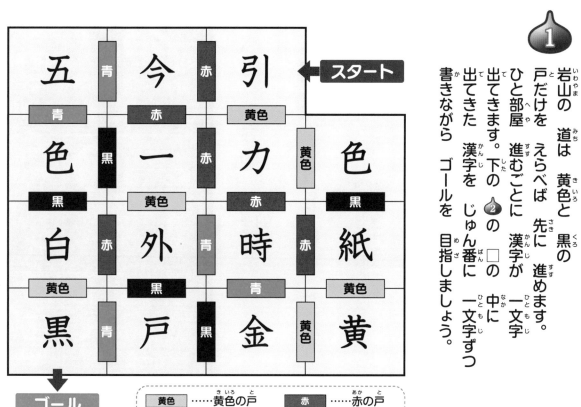

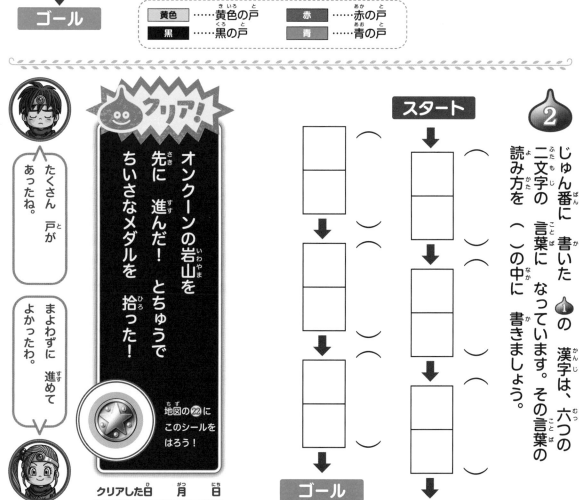

23

読《よ》み書《か》きの問題《もんだい》

四《よっ》つの絵《え》がならぶ部屋《へや》

オンクーンの岩山《いわやま》

ゆうしゃ・女《おんな》の子《こ》

岩《いわ》のかべに すてきな 絵《え》が かかれているわ。でも 絵《え》の 近《ちか》くに 言葉《ことば》が ぬけている 文章《ぶんしょう》が あるわ……。

かべの 四《よっ》つの 絵《え》は、
□《はる》の絵《え》には きれいな 花《はな》が
□《なつ》の絵《え》には 広《ひろ》い 海《うみ》が
□《あき》の絵《え》には 大《おお》きな 山《やま》が
□《ふゆ》の絵《え》には 白《しろ》い □《ゆき》が
えがかれていました。

この漢字《かんじ》を おぼえて 使《つか》ってみよう！

漢字	くんよみ	おんよみ
冬	ふゆ	トウ
春	はる	シュン
秋	あき	シュウ
夏	なつ	カ (ゲ)
雪	ゆき	セツ

書《か》きじゅん

かべにある 四《よっ》つの 絵《え》には、
春《はる》、夏《なつ》、秋《あき》、冬《ふゆ》に かんけいする 漢字《かんじ》の
問題《もんだい》が 書《か》かれていますが
答《こた》えが 書《か》かれていません。
——部分《ぶぶん》には 漢字《かんじ》の 読《よ》み方《かた》を、
□には 漢字《かんじ》を それぞれ 書《か》きましょう。

春《はる》の絵《え》

① 青春（　　）

② 春休み（　　）

③ □□□（はる・いち・ばん）

④ □□（しゅん・ぶん）の日《ひ》

夏《なつ》の絵《え》

① 夏場（　　）

② 今夏（　　）

③ □□（なつ・ぞら）

④ 真《ま》□□（なつ・び）

秋《あき》の絵《え》

① 秋風（　　）

② 秋分の日《ひ》（　　）

③ □□（あき・た）県《けん》

④ □□（あき・ば）れ

冬《ふゆ》の絵《え》

① 冬山（　　）

② 立冬（　　）

③ □□□□（しゅん・か・しゅう・とう）

クリア!

絵《え》を かんせいさせて
オンクーンの岩山《いわやま》を
先《さき》に 進《すす》んだ!

地図《ちず》の㉓に
このシールを
はろう!

クリアした日《ひ》　月《がつ》　日《にち》

言葉《ことば》が うまって
絵《え》も かんせいね。

あれ、出口《でぐち》に 何《なに》か
待《ま》ちぶせているよ!

24

文章《ぶんしょう》の問題《もんだい》

あくましんかんとの たたかい！

オンクーンの岩山《いわやま》

あくましんかん

お前《まえ》たちの ぼうけんも ここまでだ！ はかいの神《かみ》に ささげる いけにえに してやろう!!

あくましんかんたちは トゲトゲの ついた キケンな ぶきで こうげきしてきました！

あくましんかんの こうげきは、問題文《もんだいぶん》に 当《あ》てはまる 答《こた》えを □の 中《なか》に 漢字《かんじ》で 書《か》くと はね返《かえ》せます！ こうげきを はね返《かえ》して あくましんかんを たおしましょう！

1 今日《きょう》の 前日《ぜんじつ》は きのう。では、今日《きょう》の 次《つぎ》の 日《ひ》は？

□□

2 方角《ほうがく》を あらわす 漢字《かんじ》。北《きた》、南《みなみ》、西《にし》と もうひとつは？

□

3 朝《あさ》から お昼《ひる》までは 午前《ごぜん》。では、お昼《ひる》から 夜《よる》までは？

□□

❹夜《よる》に　食《た》べる　ごはんは
夕食《ゆうしょく》。では　朝《あさ》に
食《た》べる　ごはんは？

❺いろいろな言葉《ことば》や
文章《ぶんしょう》、漢字《かんじ》などを
教《おそ》わる　科目《かもく》は？

❻日曜日《にちようび》から　月《げつ》、火《か》、
水《すい》、木《もく》、金《きん》、土《ど》までの
七日《なのか》を　まとめると？

❼空気《くうき》などで
ふくらますと、空《そら》に
ふわふわと　うくものは？

❽ブランコや　すなばが
あって、みんなが
遊《あそ》べる　ところは？

クリア！

あくましんかんを　やっつけた！
あくましんかんが　おとした
じゃしんのぞうを　拾《ひろ》った！

地図《ちず》の㉔に
このシールを
はろう！

クリアした日《ひ》　月《がつ》　日《にち》

すごく　こわい
強《きょう》てきだったね。

どうくつを　ぬけて
町《まち》が　見《み》えてきたわ！

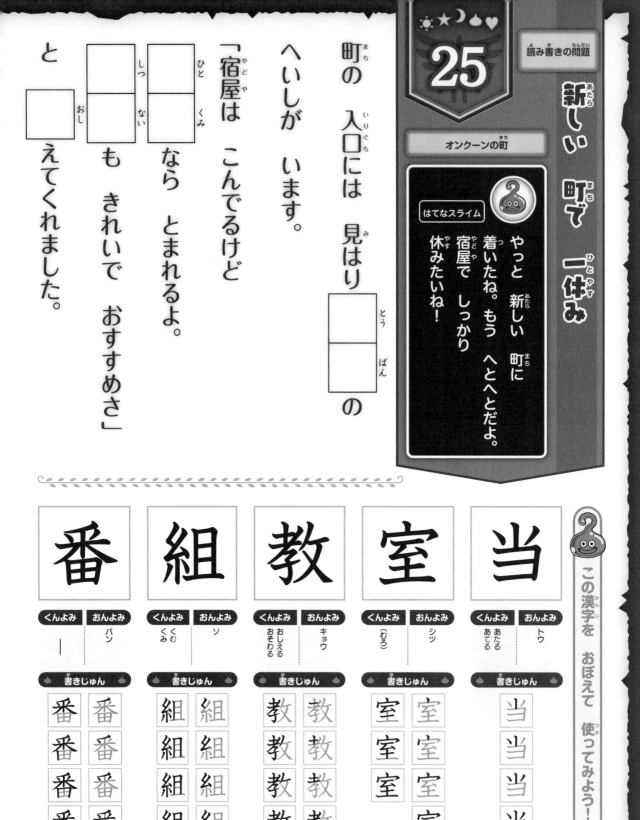

25

読《よ》み書《か》きの問題《もんだい》

新《あたら》しい 町《まち》で 一休《ひとやす》み

オンクーンの町《まち》

はてなスライム

やっと 新《あたら》しい 町《まち》に 着《つ》いたね。もう へとへとだよ。宿屋《やどや》で しっかり 休《やす》みたいね！

町《まち》の 入口《いりぐち》には 見《み》はり □《とう》□《ばん》の へいしが います。
「宿屋《やどや》は こんでるけど □《ひと》□《くみ》 なら とまれるよ。□《しつ》□《ない》も きれいで おすすめさ」 と □《おし》えてくれました。

この漢字《かんじ》を おぼえて 使《つか》ってみよう！

漢字	くんよみ	おんよみ
当	あたる あてる	トウ
室	(むろ)	シツ
教	おしえる おそわる	キョウ
組	くむ くみ	ソ
番	ー	バン

書《か》きじゅん

1

漢字《かんじ》のチカラを　身《み》につけるために、次《つぎ》の——部分《ぶぶん》の　漢字《かんじ》の　読《よ》み方《かた》を（　）に　書《か》いてみましょう！

❶宿屋《やどや》の　部屋《へや》に　一番（　）で　入室（　）する。（　）

❷宿屋《やどや》の　地下室（　）は　ものおきだ。

❸おりたたみ式《しき》の　ベッドを　組（　）み立《た》てる。

❹おるす番（　）をする　はてなスライム。

❺教会（　）で　ぼうけんの　おいのりをする。

❻くじ引《び》きで　一等《いっとう》が　当（　）たる。

2

漢字《かんじ》のチカラを　レベルアップするために、次《つぎ》の□部分《ぶぶん》に　漢字《かんじ》を　書《か》いてみましょう！

❶□《とう》□《ぶん》は　お休《やす》みを　取《と》ろう。

❷□《さん》□《にん》□《ぐみ》の　パーティを　作《つく》る。

❸□《きょう》□《しつ》で　モンスターとの　たたかい方《かた》を　□《おそ》わる。

クリア！

町《まち》の　宿屋《やどや》に　とまった！
おまけに　ちいさなメダルを　もらった！

地図《ちず》の㉕に
このシールを
はろう！

クリアした日《ひ》　月《がつ》　日《にち》

ひさしぶりに　ゆっくり　休《やす》めたね。

あら、いきなり　強《つよ》い　雨《あめ》が　ふってきたわ。

くものきょじんを たおせ！

オンクーンの町《まち》

くものきょじん

ぐふふふ、この町《まち》に ゆうしゃが いるはずだ。出《で》てこないと はげしい 雨《あめ》を ふらしつづけるぞぉ。

町《まち》は 大《おお》きな □《くも》に おおわれ、天気《てんき》は □《たい》□《ふう》の ように あれてきました。

空《そら》を 見《み》ると □《くも》の □《あい》□《ま》に 大《おお》きな モンスターが あらわれました！

くものきょじん

この漢字《かんじ》を おぼえて 使《つか》ってみよう！

漢字	くんよみ	おんよみ
台	—	ダイ タイ
合	あう あわす あわせる	ゴウ ガッ カッ
風	かぜ かざ	フウ
間	あいだ ま	カン ケン
雲	くも	ウン

書《か》きじゅん

台 台 台 台 台

合 合 合 合 合 合

風 風 風 風 風 風 風 風 風

間 間 間 間 間 間 間 間 間 間 間 間

雲 雲 雲 雲 雲 雲 雲 雲 雲 雲 雲 雲

くものきょじんは　たくさんの　大《おお》きな　雲《くも》で
たくさんの　雨《あめ》を　ふらせてきました！
雲《くも》に　書《か》かれた　漢字《かんじ》の　読《よ》み方《かた》を
（　）の　中《なか》に　書《か》けば、雲《くも》を　ちらして
くものきょじんを　やっつけられます！

❶土台（　　　　）

❷台本（　　　　）

❸雲間（　　　　）

❹雲海（　　　　）

❺合同（　　　　）

❻合体（　　　　）

❼合計（　　　　）

❽風車（　　　　）

❾夜空（　　　　）

❿一週間（　　　　）

⓫昼間（　　　　）

⓬人間（　　　　）

ふぅ。なんとか
たおせたわね。

空《そら》が　少《すこ》しずつ
晴《は》れてきたよ！

クリア！

くものきょじんを
やっつけた！
雨《あめ》が　やんできた。

地図《ちず》の㉖に
このシールを
はろう！

クリアした日《ひ》　　月《がつ》　　日《にち》

27

読《よ》み書《か》きの問題《もんだい》

雨《あめ》上《あ》がりの 町《まち》を 歩《ある》こう

オンクーンの町《まち》

町《まち》の青年《せいねん》

町《まち》を モンスターから
すくってくれて ありがとう！
お礼《れい》に 町一番《まちいちばん》の 物知《ものし》りを
しょうかいするよ。

くものきょじんを たおすと
雨《あめ》が やんで、風《かぜ》が □《よわ》まり、
空《そら》が □《は》れてきました。
□《た》□《しょう》の ひがいは 出《で》ましたが、
モンスターの こうげきを
食《く》い□《と》めたのです。

この漢字《かんじ》を おぼえて 使《つか》ってみよう！

漢字	くんよみ	おんよみ
止	とまる とめる	シ
少	すくない すこし	ショウ
多	おおい	タ
弱	よわい よわる よわまる よわめる	ジャク
晴	はれる はらす	セイ

書《か》きじゅん

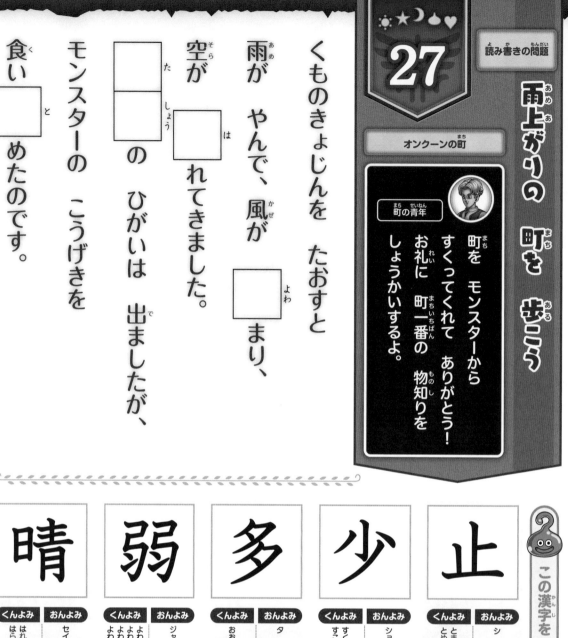

1

漢字《かんじ》の チカラを 身《み》につけるために、次《つぎ》の ――部分《ぶぶん》の 漢字《かんじ》の 読《よ》み方《かた》を （　）に 書《か》いてみましょう！

❶ こうげきが きかず 少し（　）弱気（　）になる。

❷ モンスターの 弱点（　）を みぬく。

❸ 空《そら》いっぱいに 広《ひろ》がる 晴天（　）。

❹ 見晴らし（　）の よい 公園《こうえん》で 遊《あそ》ぶ 少年（　）と 少女（　）。

❺ 雨《あめ》で 通行止め（　）だった 道《みち》に 多く（　）の 人《ひと》が 出歩《であ》く。

2

漢字《かんじ》の チカラを レベルアップするために、次《つぎ》の □部分《ぶぶん》に 漢字《かんじ》を 書《か》いてみましょう！

❶ 雨《あめ》が ふって □《ちゅう》□《し》になる。

❷ 今年《ことし》は 雨《あめ》が □《すく》ない。

❸ 日本《にほん》□《ば》れの 青空《あおぞら》。

❹ □《よわ》□《び》で ゆっくり にこむ。

クリア！

町一番《まちいちばん》の 物知《ものし》りを しょうかいしてもらい、ちいさなメダルも もらった！

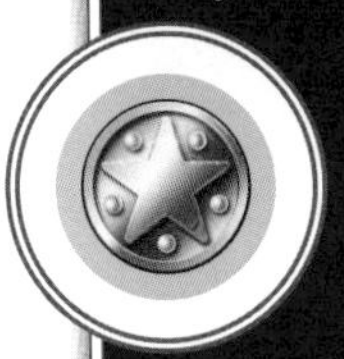

地図《ちず》の㉗に このシールを はろう！

町《まち》の 人《ひと》たちも 晴《は》れて 楽《たの》しそう。

物知《ものし》りの 人《ひと》に 会《あ》いにいこう！

クリアした日《ひ》　月《がつ》　日《にち》

町一番《まちいちばん》の物知《ものし》りとの出会《であ》い

オンクーンの町《まち》

町一番《まちいちばん》の物知《ものし》り

わたしは　町一番《まちいちばん》の　物知《ものし》り。
町《まち》を　すくってくれた　お礼《れい》に
聞《き》きたいことが　あれば、
なんでも　答《こた》えよう。

町一番《まちいちばん》の物知《ものし》りは　じょうほうを
集《あつ》める　□《てん》□《さい》です。□《いえ》に　いても
じゃしんのぞうを　調《しら》べ上《あ》げて、
その使《つか》い方《かた》を　□《り》かいしていました。
そして、□《し》っていることを
ゆうしゃたちに　教《おし》えてくれました。

この漢字《かんじ》を　おぼえて　使《つか》ってみよう！

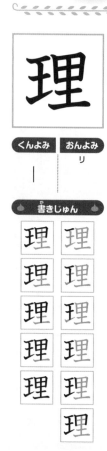

漢字	くんよみ	おんよみ
才	―	サイ
知	しる	チ
科	―	カ
家	いえ　や	カ　ケ
理	―	リ

書《か》きじゅん

1

漢字《かんじ》の　チカラを　身《み》につけるために、次《つぎ》の　——部分《ぶぶん》の　漢字《かんじ》の　読《よ》み方《かた》を（　）に　書《か》いてみましょう！

❶ じゃしんのぞうを　百科（　　）じてんで　調《しら》べて、科学（　　）てきに　ぶんせきする。

❷ 地理（　　）を　調《しら》べた　けっか、ここから　西《にし》にある　池《いけ》が　あやしいと　にらむ。

❸ 理（　　）由《ゆう》を　くわしく　聞《き》いてみる。

❹ 文才（　　）や　画才（　　）にも　すぐれた　才人《さいじん》。

❺ 作家（　　）としても　かつやくしている。

2

漢字《かんじ》の　チカラを　レベルアップするために、次《つぎ》の　□部分《ぶぶん》に　漢字《かんじ》を　書《か》いてみましょう！

❶ この□《いえ》を　かん□《り》するのは、町長《ちょうちょう》の　□《ち》□《じん》だ。

❷ ハーゴンの　とうばつは　□《こっ》□《か》てきな　目《もく》ひょうだ。

クリア！

じゃしんのぞうの　使《つか》い方《かた》を　聞《き》いた！
ちいさなメダルも　もらった！

地図《ちず》の㉘に　このシールを　はろう！

西《にし》にある　大《おお》きな　池《いけ》に　向《む》かおう。

地図《ちず》を　見《み》ると　お寺《てら》が　近《ちか》くに　あるのね。

クリアした日《ひ》　　月《がつ》　　日《にち》

29

書《か》き取《と》りと 文章《ぶんしょう》の問題《もんだい》

池《いけ》が 真《ま》っ二《ぷた》つに われる!?

オンクーンのあれ地《ち》

はてなスライム

教《おし》えてもらった 場所《ばしょ》は
ここで 合《あ》ってるのかな。
じゃしんのぞうを
使《つか》ってみようよ!

□《やま》□《ざと》の おく深《ふか》くにある、
□《ふる》い お□《てら》と お□《やしろ》の 間《あいだ》に、
大《おお》きな □《いけ》がありました。
じゃしんのぞうを 使《つか》うと、なんと
水面《すいめん》が われ、入口《いりぐち》が あらわれました!

この漢字《かんじ》を おぼえて 使《つか》ってみよう!

漢字	くんよみ	おんよみ
古	ふるい ふるす	コ
寺	てら	ジ
池	いけ	チ
社	やしろ	シャ
里	さと	リ

書《か》きじゅん

古 古 古 古 古

書《か》きじゅん

寺 寺 寺 寺 寺 寺

書《か》きじゅん

池 池 池 池 池 池

書《か》きじゅん

社 社 社 社 社 社 社

書《か》きじゅん

里 里 里 里 里 里 里

じゃしんのぞうを　使《つか》うと　池《いけ》の　水面《すいめん》が　二《ふた》つに
われました。同時《どうじ》に　二文字《ふたもじ》の　言葉《ことば》も　二《ふた》つに
われてしまいました。左右《さゆう》に　バラバラになった
漢字《かんじ》を　一回《いっかい》ずつ　えらんで、二文字《ふたもじ》の　言葉《ことば》に
もどして、下《した》の　□の　中《なか》に　書《か》きましょう。

右《みぎ》がわの
漢字《かんじ》

左《ひだり》がわの
漢字《かんじ》

左右《さゆう》から　一文字《ひともじ》ずつ
えらんで　二文字《ふたもじ》の
言葉《ことば》に　するんだよ！
左《ひだり》がわの　漢字《かんじ》が
一文字目《ひともじめ》に　なるよ！

クリア！

じゃしんのぞうを　使《つか》うと
どうくつの　入口《いりぐち》が
あらわれた！

地図《ちず》の㉙に
このシールを
はろう！

池《いけ》が　二《ふた》つに
われるなんて！

池《いけ》の　中《なか》に　入口《いりぐち》が
あらわれたよ！

クリアした日《ひ》　　月《がつ》　　日《にち》

30

書《か》き取《と》りと文章《ぶんしょう》の問題《もんだい》

石《せき》ばんに したがって 進《すす》もう

ロンダルキア

はてなスライム

地図《ちず》を 見《み》ると ここは ロンダルキアの 入口《いりぐち》みたい。どうくつを 入《はい》った ところに 石《せき》ばんが おいてあるよ！

どうくつは ふくざつな めいろに なっているぞ。□《ひがし》、□《にし》、□《みなみ》、□《きた》の 正《ただ》しい 方向《ほうこう》の じゅん番《ばん》に □《ある》かないと 出口《でぐち》に たどりつけないのだ……。

この漢字《かんじ》を おぼえて 使《つか》ってみよう！

漢字	くんよみ	おんよみ	書《か》きじゅん
北	きた	ホク	北 北 北 北 北
西	にし	セイ サイ	西 西 西 西 西 西
東	ひがし	トウ	東 東 東 東 東 東 東 東
歩	あるく あゆむ	ホ (ブ)	歩 歩 歩 歩 歩 歩 歩 歩
南	みなみ	ナン	南 南 南 南 南 南 南 南 南

左《ひだり》の　石《せき》ばんに
書《か》かれている
じゅん番《ばん》に　進《すす》めば、
モンスターや
見《み》えないワナを　よけて
通《とお》りぬけられます。
下《した》の　地図《ちず》に、
❷から　❾で
通《とお》った　道《みち》に
線《せん》を　引《ひ》きながら
ゴールを
目指《めざ》しましょう。

❶西《にし》に　四歩《よんほ》
❷南《みなみ》に　三歩《さんぽ》
❸東《ひがし》に　四歩《よんほ》
❹南《みなみ》に　二歩《にほ》
❺西《にし》に　五歩《ごほ》
❻南《みなみ》に　一歩《いっぽ》
❼東《ひがし》に　三歩《さんぽ》
❽南《みなみ》に　三歩《さんぽ》
❾西《にし》に　二歩《にほ》

北《きた》
西《にし》
東《ひがし》
南《みなみ》

❶の「西《にし》に　四歩《よんほ》」なら
左《ひだり》へ　四《よん》マス　進《すす》んだ
場所《ばしょ》に　なるよ！

四歩《よんほ》
三歩《さんぽ》
二歩《にほ》
一歩《いっぽ》
1
スタート
ゴール

石《せき》ばんが　あって
たすかったよ。

すごく　光《ひか》っている
たから箱《ばこ》が　あるわ！

クリア！

どうくつを　進《すす》んだ！
とちゅうで　ちいさなメダルを
拾《ひろ》った！

地図《ちず》の㉚に
このシールを
はろう！

クリアした日《ひ》　月《がつ》　日《にち》

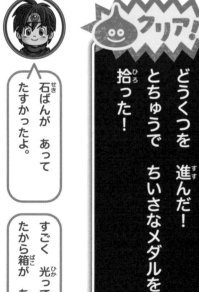

31

書《か》き取《と》りの問題《もんだい》

ビリビリする たから箱《ばこ》の 中身《なか み》は？

ロンダルキア

ゆうしゃ・男の子《おとこ こ》

あ！ 大《おお》きな たから箱《ばこ》が あるよ！ でも かんたんには 開《あ》かないみたいだね。どうすれば いいんだろう。

たから箱《ばこ》には □《まる》、三角《さんかく》、四角《しかく》の くぼみが ありました。近《ちか》くにある ものを □□《さいく》して 同《おな》じ □《かたち》を □《つく》って はめると、ビリビリと □□《でんき》が 流《なが》れました！

この漢字《かんじ》を おぼえて 使《つか》ってみよう！

漢字	くんよみ	おんよみ
丸	まる まるい まるめる	ガン
工	―	コウ ク
作	つくる	サク サ
形	かた かたち	ケイ ギョウ
電	―	デン

書《か》きじゅん

丸 丸 丸

工 工 工

作 作 作 作 作 作 作

形 形 形 形 形 形 形

電 電 電 電 電 電 電 電 電 電 電 電 電

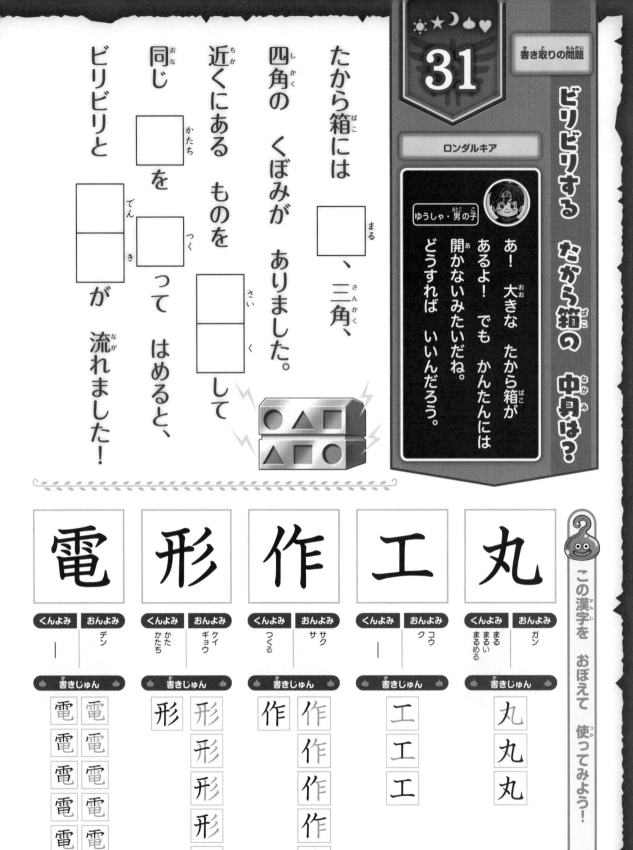

1

たから箱《ばこ》の　丸《まる》　三角《さんかく》　四角《しかく》の　くぼみに
当《あ》てはまるように　□の　中《なか》の　パーツを
一《ひと》つずつ　組《く》み合《あ》わせます。
パーツは　一文字《ひともじ》の　漢字《かんじ》に　なるように
組《く》み合《あ》わせましょう。また、できあがった
漢字《かんじ》は　たてに　ならべて　二文字《ふたもじ》の　言葉《ことば》に
なるように　くぼみに　はめましょう。

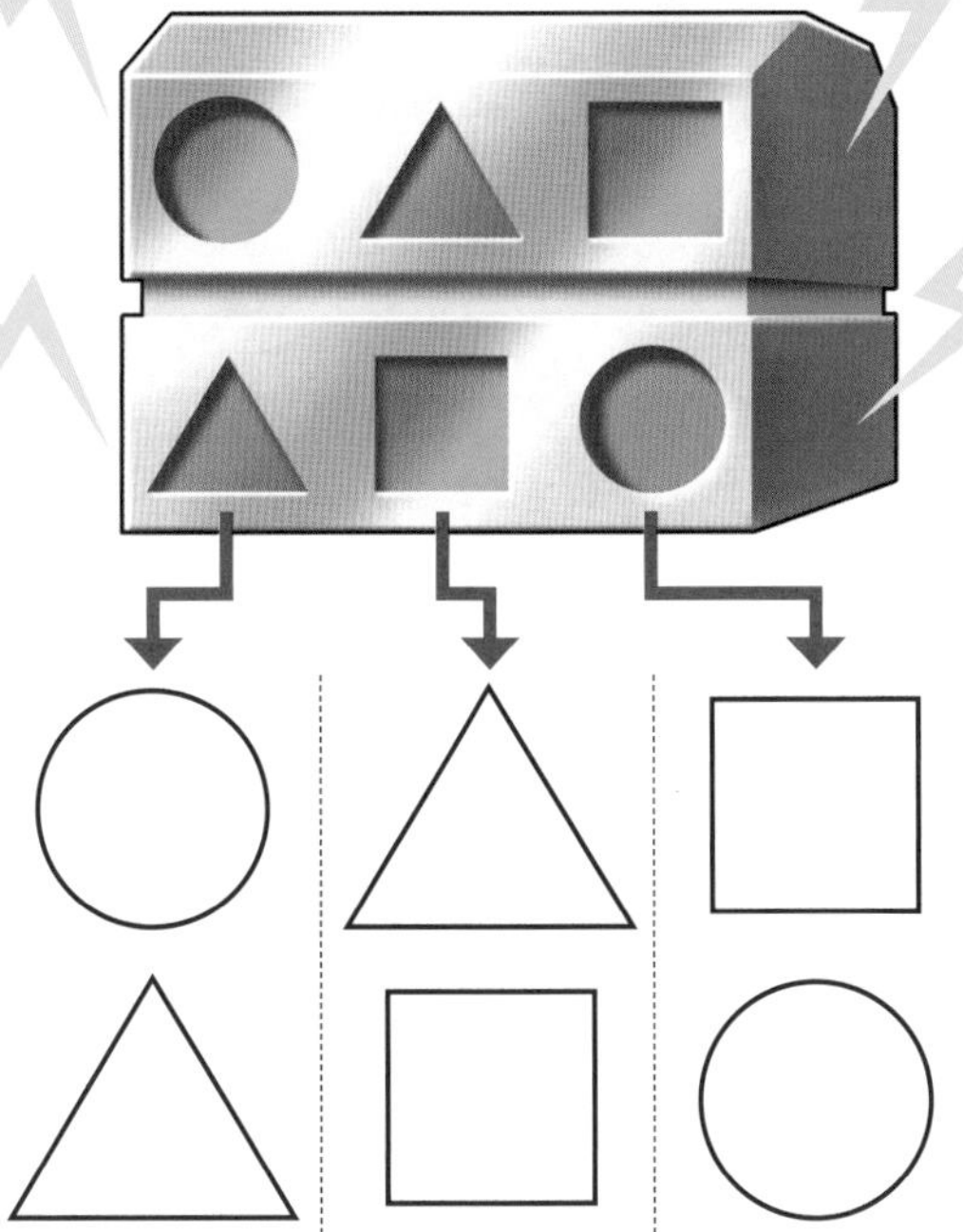

○、△、□に　当《あ》てはまる　漢字《かんじ》を　書《か》こう！

2

ビリビリと　音《おと》が　鳴《な》ると　同時《どうじ》に
たから箱《ばこ》が　開《ひら》きます！　中《なか》には　なんと
いなずまのけんが　入《はい》っていました！
いなずまのけんを　ふりながら
□に　漢字《かんじ》を　書《か》いてみましょう！

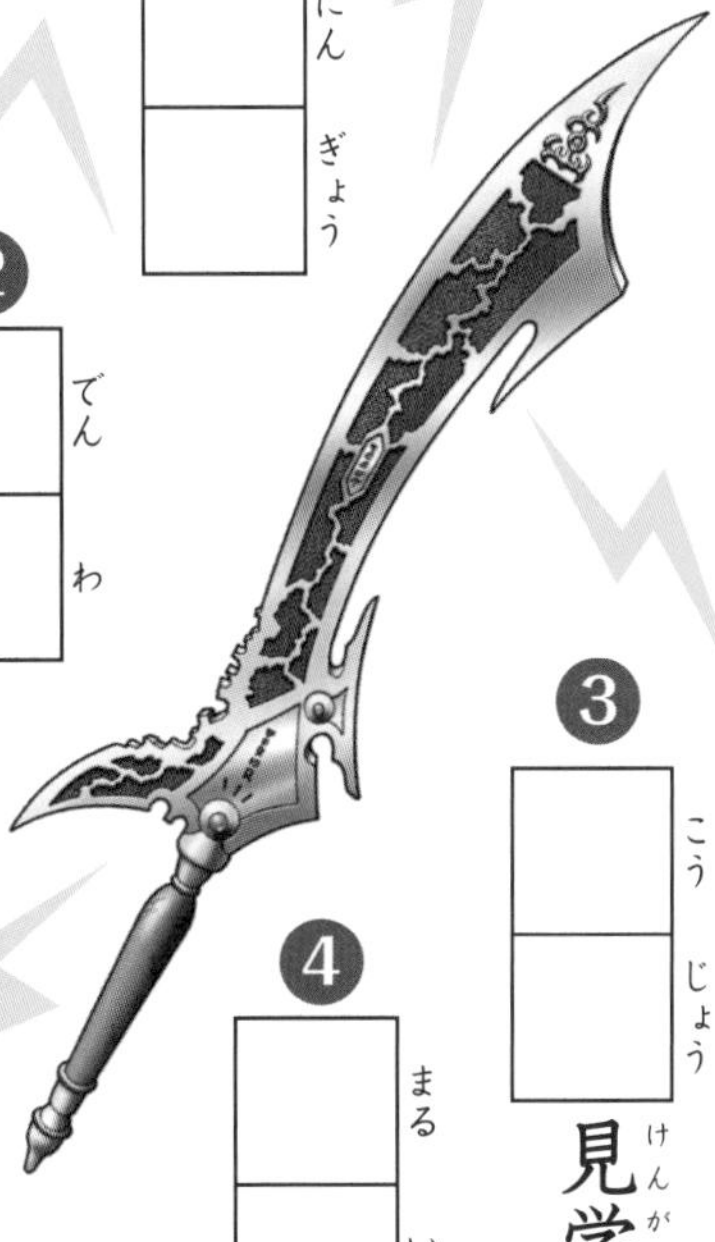

① □□（にん　ぎょう）

② □□（でん　わ）

③ □□（こう　じょう）見学《けんがく》

④ □□□（まる　いち　にち）

すごい　ぶきが　手《て》に入《はい》ったわ！

いよいよ　どうくつを　ぬけて　外《そと》に　出《で》るよ！

クリア！

たから箱《ばこ》から
いなずまのけんを
手《て》に入《い》れた！

地図《ちず》の㉛に
このシールを
はろう！

クリアした日《ひ》　月《がつ》　日《にち》

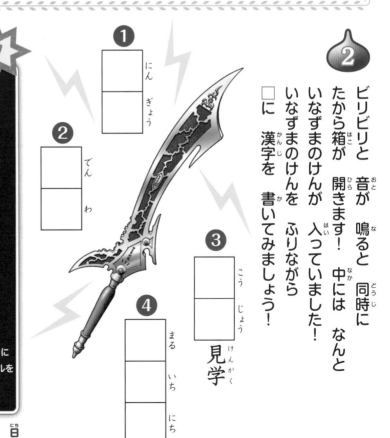

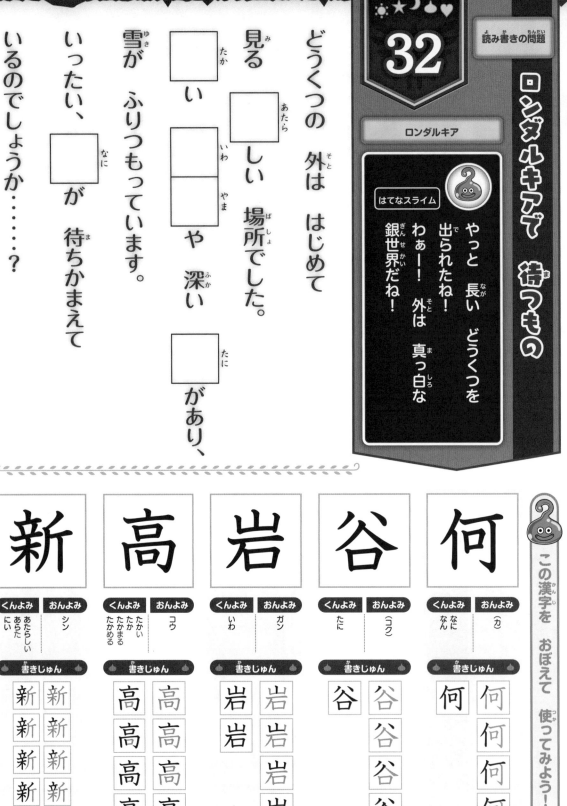

ロンダルキアで 待《ま》つもの

ロンダルキア

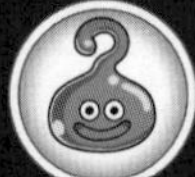

はてなスライム

やっと 長《なが》い どうくつを
出《で》られたね！
わぁーー！ 外《そと》は 真《ま》っ白《しろ》な
銀世界《ぎんせかい》だね！

どうくつの 外《そと》は はじめて
見《み》る □《あたら》しい 場所《ばしょ》でした。
□《たか》い □《いわ》□《やま》や 深《ふか》い □《たに》があり、
雪《ゆき》が ふりつもっています。
いったい、□《なに》が 待《ま》ちかまえて
いるのでしょうか……？

この漢字《かんじ》を おぼえて 使《つか》ってみよう！

漢字	くんよみ	おんよみ
何	なに なん	（カ）
谷	たに	（コク）
岩	いわ	ガン
高	たかい たか たかまる たかめる	コウ
新	あたらしい あらた にい	シン

書《か》きじゅん

1

しばらく　歩《ある》いていると　とつぜん
ブリザードが　あらわれて、氷《こおり》の息《いき》を
たくさん　はいて　こうげきしてきました！
――部分《ぶぶん》の　漢字《かんじ》の　読《よ》み方《かた》を（　）に
書《か》いて　氷《こおり》の玉《たま》を　ふせぎましょう！

① 高音（　　）
② 岩場（　　）
③ 岩手県《けん》（　　）

ブリザード

④ 谷間（　　）
⑤ 目新しい（　　）
⑥ 新雪（　　）
⑦ 岩石（　　）
⑧ 何人（　　）

2

ブリザードは　息《いき》を　はきすぎて
息切《いきぎ》れしています！　次《つぎ》の　□部分《ぶぶん》に　漢字《かんじ》を
書《か》いて　ブリザードを　やっつけましょう！

① □□《あらて》の　モンスターと　たたかう。
② □□《たかだい》をぬけて　□□《たにかぜ》が　ふきつける。
③ □□□《しんにゅうせい》をむかえる　□□□《こうがくねん》。

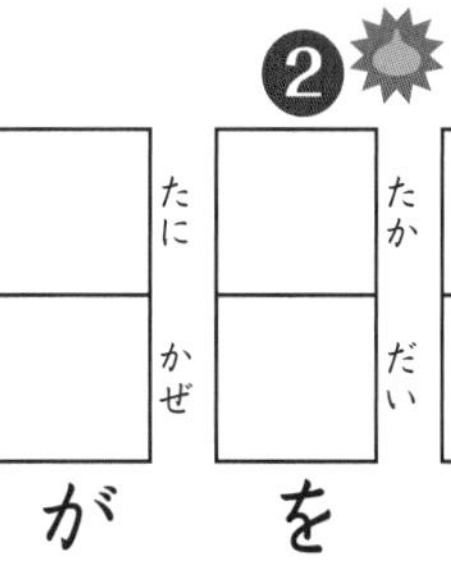

クリア！
ブリザードを　やっつけた！
ロンダルキアを
先《さき》に　進《すす》んだ！

地図《ちず》の㉜に
このシールを
はろう！

クリアした日《ひ》　　月《がつ》　　日《にち》

寒《さむ》いし、出《で》てくる
モンスターも　強《つよ》い！

ハーゴンのしんでんが
見《み》えてきたわ。

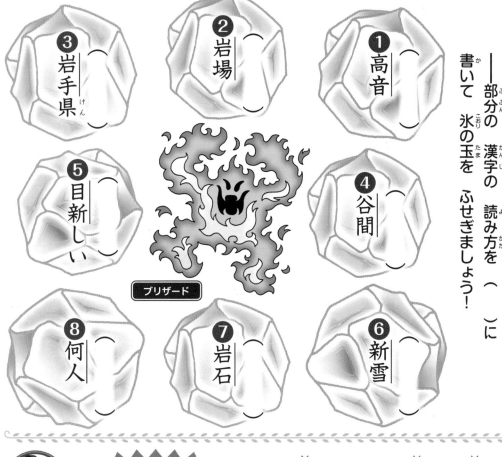

33

読《よ》み書《か》きの問題《もんだい》

ハーゴンの しかけた ワナ

????

ゆうしゃ・男《おとこ》の子《こ》

あれ、ハーゴンのしんでんに 入《はい》った はずなのに、中《なか》は カキジューンのしろだよ。いったい どうなってるの？

おしろでは ゆうしゃたちの
お□《とう》さん、お□《かあ》さんが
□《かえ》りを 待《ま》っていました。
両《りょう》□《しん》との さいかいですが、
とつぜん ルビスの守《まも》りが
かがやきはじめました……！

この漢字《かんじ》を おぼえて 使《つか》ってみよう！

漢字	くんよみ	おんよみ
父	ちち	フ
母	はは	ボ
京	—	キョウ（ケイ）
帰	かえる かえす	キ
親	おや したしい したしむ	シン

書《か》きじゅん

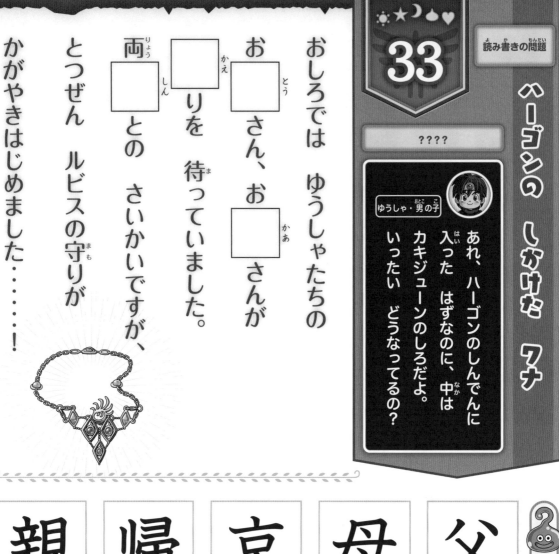

ルビスの守《まも》りが
かがやきはじめると
どこからともなく　声《こえ》が
聞《き》こえてきました。

「わたしは　せいれい　ルビス。
この　カキジューンのしろは
ハーゴンが　つくりだした
まぼろしなのです。
正《ただ》しい　漢字《かんじ》の　読《よ》み方《かた》を
書《か》いて　まぼろしを
見《み》やぶれば、
ハーゴンのしんでんが
すがたを　あらわすでしょう。」

次《つぎ》の　漢字《かんじ》のうち、読《よ》み方《かた》が
まちがっている　漢字《かんじ》を
九《ここの》つ　見《み》つけ出《だ》し、正《ただ》しい
読《よ》み方《かた》を（　）の　中《なか》に
書《か》いて、ハーゴンの
まぼろしを　見《み》やぶりましょう。
また、読《よ》み方《かた》が　正《ただ》しい　漢字《かんじ》は
（　）の　中《なか》に　○を　書《か》きましょう。

❶ 父母《ふはは》（　　）
❷ 東京《ひがしけい》（　　）
❸ 日帰《ひき》り（　　）
❹ 親友《おやとも》（　　）
❺ 上京《じょうきょう》（　　）
❻ 親切《おやぎり》（　　）
❼ 母国《ははくに》（　　）
❽ 親子《しんこ》（　　）
❾ 帰国《かえくに》（　　）
❿ 母上《ははうえ》（　　）
⓫ 親《おや》しい（　　）
⓬ 里帰《さとがえ》り（　　）

（　）の
中《なか》に　正《ただ》しい
読《よ》みかたを
書《か》きましょう

（ちちおや）
父親《とおおや》

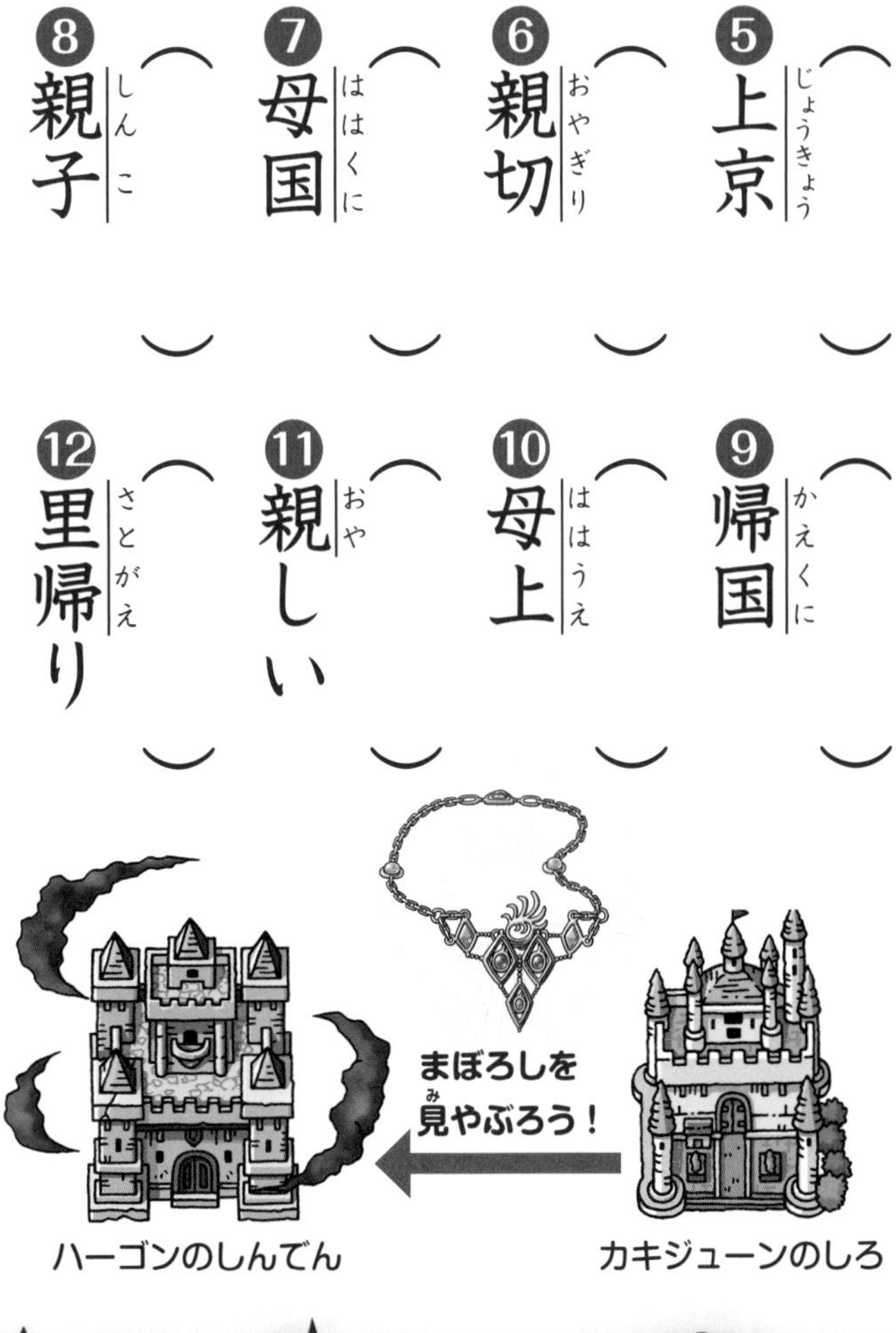

クリア！

カキジューンのしろは
ハーゴンが　しかけた
まぼろしだった！

地図《ちず》の㉝に
このシールを
はろう！

クリアした日《ひ》　　月《がつ》　　日《にち》

まぼろしだったのね。
あぶなかったわ。

ハーゴンのしんでんが
正体《しょうたい》を　あらわしたね。

いざ ハーゴンのしんでんの 中《なか》へ

ハーゴンのしんでん

はてなスライム

ハーゴンのしんでんからは おそろしい 気配《けはい》を 感《かん》じるね。あ、モンスターが 道《みち》を ふさいでいるよ！

ハーゴンのしんでんを 注意《ちゅうい》して 進《すす》んでいると、キラーマシンが あらわれました！

□《かたな》を ふり□《まわ》し、□《ゆみ》□《や》を 放《はな》つ □《きょう》てきです！

キラーマシン

この漢字《かんじ》を おぼえて 使《つか》ってみよう！

漢字	くんよみ	おんよみ
刀	かたな	トウ
弓	ゆみ	(キュウ)
矢	や	―
回	まわる まわす	カイ
強	つよい つよまる つよめる (しいる)	キョウ (ゴウ)

書《か》きじゅん

1

キラーマシンの　こうげきは　ひじょうに
キケンです！　次《つぎ》の　——部分《ぶぶん》の　漢字《かんじ》の
読《よ》み方《かた》を（　）に　書《か》いて、
こうげきを　かわしながら
たたかいましょう！

❶ 次々《つぎつぎ》と　弓（　）を　引《ひ》く。

❷ キラーマシンの　二回（　）こうげき！

❸ 矢（　）つぎ早《ばや》の　こうげきを　かわす。

❹ 心強（　）い　なかまと　ともに　たたかう。

❺ 長《なが》い　刀（　）が　キラリと　光《ひか》る。

❻ 強気（　）の　はんげきで　今回（　）も　かつ！

2

キラーマシンが　弱《よわ》ってきました！
次《つぎ》の　赤《あか》い　文字《もじ》を　□部分《ぶぶん》に　漢字《かんじ》で
書《か》いて　キラーマシンを　やっつけましょう！

❶ なんかいも　こうげきする！

❷ きょうりょくな　とどめの　いちげき！

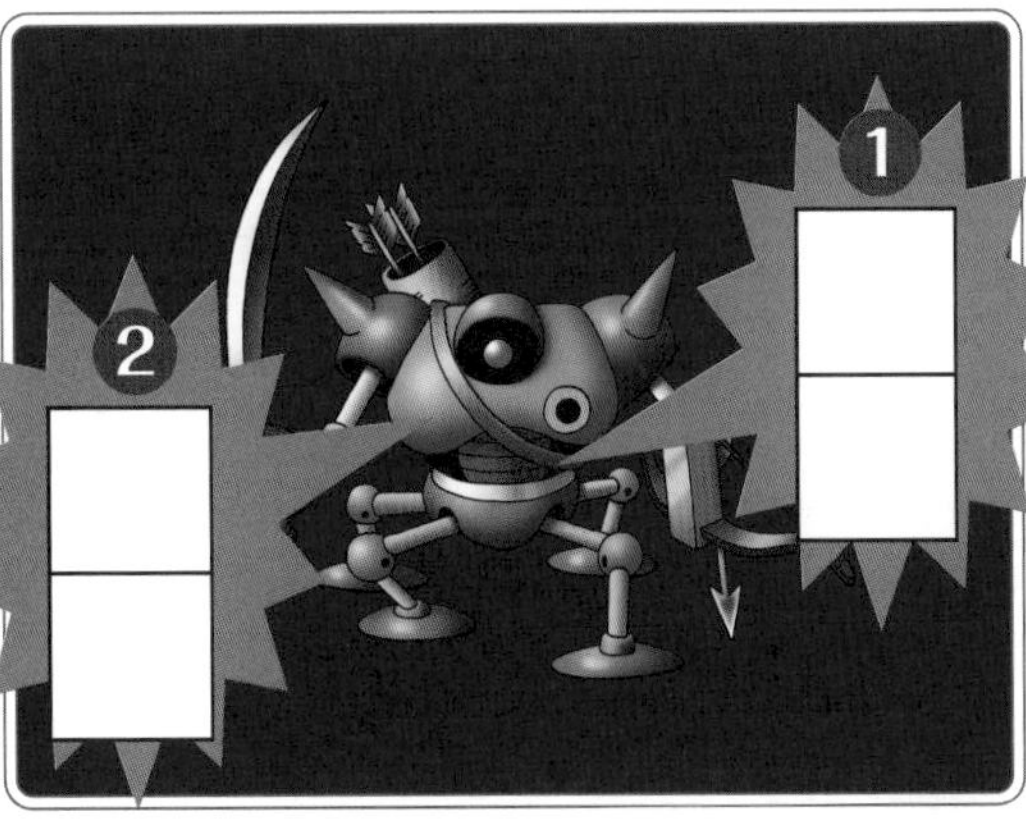

クリア！

キラーマシンを　やっつけた！
ハーゴンのしんでんを
先《さき》に　進《すす》んだ！

地図《ちず》の㉞に
このシールを
はろう！

クリアした日《ひ》　月《がつ》　日《にち》

上《うえ》の　部屋《へや》に　向《む》かう
かいだんが　あるよ。

すごく　大《おお》きな
モンスターが　いるわ！

35

書《か》き取《と》りの問題《もんだい》

あくりょうのかみがみ　アトラス！

ハーゴンのしんでん

はてなスライム

あ、あのモンスターは、あくりょうのかみがみと よばれる　まものの　一体《いったい》 アトラスだよ！　気《き》をつけて！

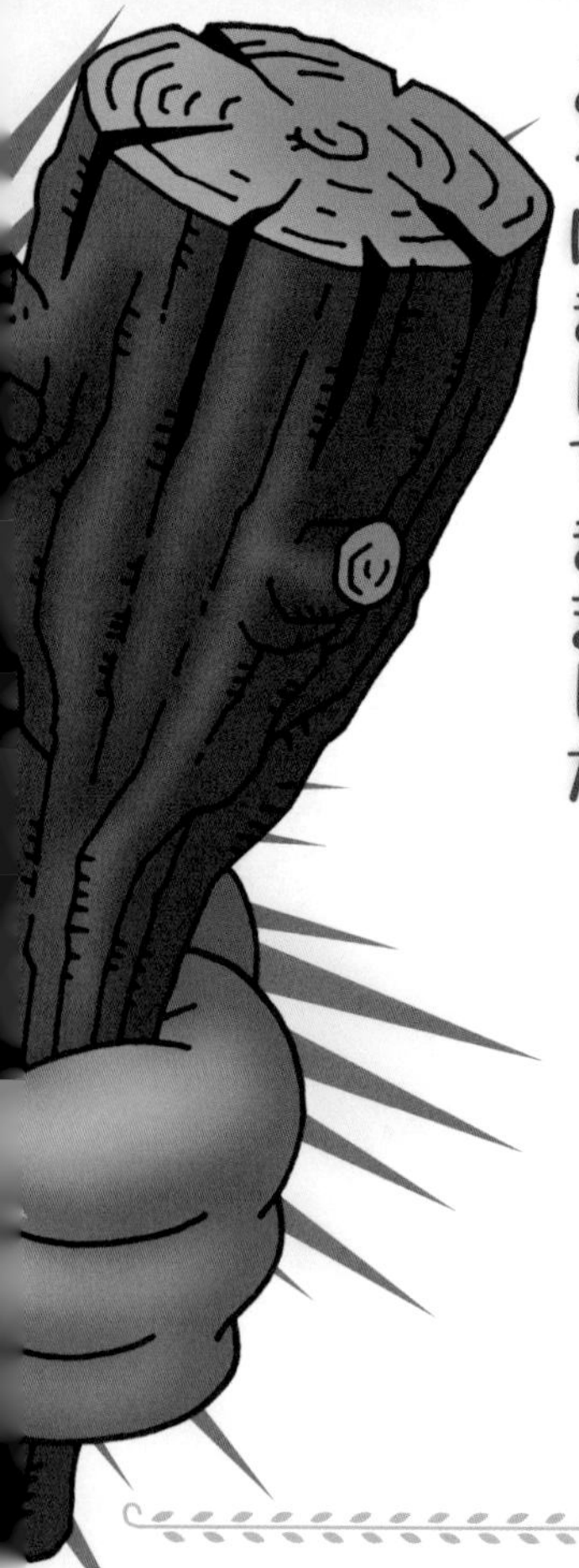

道《みち》を　ふさいで　待《ま》ちぶせていた モンスターは　アトラスでした！ 大《おお》きな　こんぼうを　ふり回《まわ》し こうげきしてきました！

アトラスの　こんぼうによる　はげしい　こうげきで たくさんの　漢字《かんじ》が　二《ふた》つに　われて バラバラに　なってしまいました！ [　]の　中《なか》にある　左右《さゆう》に　われた　漢字《かんじ》と、上下《じょうげ》に われた　漢字《かんじ》を　それぞれ　一回《いっかい》ずつ　使《つか》って　元通《もとどお》りの 漢字《かんじ》に　もどして　アトラスに　はんげきしましょう！

左《ひだり》がわ	右《みぎ》がわ
日	月

明

二《ふた》つの　パーツを くっつけて　一《ひと》つの 漢字《かんじ》に　もどそう！

左右《さゆう》に　われた　漢字《かんじ》

左《ひだり》がわ		右《みぎ》がわ	
	日		市
言	ロ	田	里
王	糸	寺	青
言	日	十	売
女		鳥	

上下《じょうげ》に　われた　漢字《かんじ》

田	山	日	上《うえ》がわ
生	心	石	下《した》がわ

上下《じょうげ》に　われた　漢字《かんじ》(三《みっ》つ)

あくりょうのかみがみ　アトラス

左右《さゆう》に　われた　漢字《かんじ》(八《やっ》つ)

強《きょう》てきだったね。よし、上《うえ》の　部屋《へや》へ　進《すす》もう。

また　モンスターが　待《ま》ちかまえているわ！

クリア！

あくりょうのかみがみ
アトラスを　やっつけた！

地図《ちず》の35に
このシールを
はろう！

クリアした日《ひ》　月《がつ》　日《にち》

36

読《よ》みの問題《もんだい》

あくりょうのかみがみ　バズズ！

ハーゴンのしんでん

はてなスライム

やっぱり、あくりょうの
かみがみが　いるんだ……！
あれは　キケンな　じゅもんの
使《つか》い手《て》、バズズだよ！

メガンテの　じゅもんを　となえ終《お》わる　前《まえ》に
バズズを　やっつけないと、ゆうしゃたちは
ばくはつに　まきこまれて　全《ぜん》めつしてしまいます。
次《つぎ》の　――部分《ぶぶん》の　漢字《かんじ》の　読《よ》み方《かた》を
（　）に　書《か》いて、漢字《かんじ》の　みだれうちで
バズズを　やっつけましょう！

❶引力（　）
❷西口（　）
❸地図（　）
❹音読（　）
❺社会（　）
❻足首（　）
❼千里（　）
❽手間（　）
❾東北（　）
❿草原（　）

バズズは　自《みずか》らの　命《いのち》と
引《ひ》きかえに　大《だい》ばくはつを
まきおこす　メガンテという
じゅもんを　となえてきました！
ゆうしゃたちを　まきこんで
道《みち》づれにするつもりです！

この　ぼうけんで
レベルアップした
漢字《かんじ》の　チカラを
ふりしぼろう！

あくりょうのかみがみ　バズズ

11 東西（　　　）

12 水道（　　　）

13 学友（　　　）

14 場合（　　　）

15 一歩（　　　）

16 歩行（　　　）

17 北風（　　　）

18 原理（　　　）

19 中古（　　　）

20 内科（　　　）

21 南国（　　　）

22 道中（　　　）

23 教科書（　　　）

24 音楽室（　　　）

25 新聞紙（　　　）

26 四角形（　　　）

27 一週間（　　　）

28 半分（　　　）

29 早口言葉（　　　）

30 一千万円（　　　）

クリア！

あくりょうのかみがみ
バズズを　やっつけた！

地図《ちず》の36に
このシールを
はろう！

クリアした日《ひ》　月《がつ》　日《にち》

本当《ほんとう》に　キケンな
じゅもんだったね。

たくさんの　漢字《かんじ》で
なんとか　たおせたね。

書《か》き取《と》りと文章《ぶんしょう》の問題《もんだい》

37

あくりょうのかみがみ ベリアル！

ハーゴンのしんでん

はてなスライム

さいごの あくりょうの
かみがみは ベリアルだよ！
強力《きょうりょく》な じゅもんを
れんぞくで 使《つか》ってくるよ！

ベリアルは ゆうしゃたちを
発見《はっけん》すると いきなり、
大《だい》ダメージを あたえる
じゅもん、イオナズンを
五回《ごかい》れんぞくで
となえてきました！

あくりょうのかみがみ ベリアル

ベリアルが となえた じゅもん、「イオナズン」の 文字数《もじすう》は 五文字《ごもじ》です。これに 合《あ》わせて、問題文《もんだいぶん》に 当《あ》てはまる 五《いつ》つの 漢字《かんじ》を □の 中《なか》に それぞれ 書《か》いて、ベリアルに じゅもんを はねかえして やっつけましょう！

❶色《いろ》を あらわす 漢字《かんじ》を 五《いつ》つ 書《か》こう！

れい 赤

❷方向《ほうこう》を あらわす 漢字《かんじ》を 五《いつ》つ 書《か》こう！

れい 上

❸動物《どうぶつ》を あらわす 漢字《かんじ》を 五《いつ》つ 書《か》こう！

れい 犬

❹体《からだ》の 一部《いちぶ》を あらわす 漢字《かんじ》を 五《いつ》つ 書《か》こう！

れい 手

❺家族《かぞく》を あらわす 漢字《かんじ》を 五《いつ》つ 書《か》こう！

れい 母

クリア！

あくりょうのかみがみ ベリアルを やっつけた！

地図《ちず》の37に このシールを はろう！

クリアした日《ひ》 月《がつ》 日《にち》

いよいよ 一番《いちばん》 上《うえ》の 部屋《へや》に 着《つ》いたよ！

ここに ハーゴンが いるのね……！

38

書《か》き取《と》りと文章《ぶんしょう》の問題《もんだい》

大《だい》しんかんハーゴン 登場《とうじょう》

ハーゴンのしんでん

ハーゴン
だれじゃ？
わたしの いのりを
じゃまする者《もの》は？
おろかものめ！

わたしを
大《だい》しんかんハーゴンと
知《し》っての おこないか!?
ならば ゆるせぬ！
おのれの おろかさを
思《おも》い知《し》るが よい！

大《だい》しんかん ハーゴン

ハーゴンは さまざまな 問題《もんだい》を、強力《きょうりょく》な じゅもんと 合《あ》わせて くり出《だ》してきました！ 答《こた》えを □の 中《なか》に 書《か》いて こうげきを はねかえしましょう！

❶「糸」と 組《く》み合《あ》わせる 漢字《かんじ》を 三《みっ》つ 書《か》くのだ！

れい 紙

□ □ □

❷「トウ」と 読《よ》む 漢字《かんじ》を 三《みっ》つ 書《か》くのだ！

れい 冬

□ □ □

❸「言」と 組《く》み合《あ》わせる 漢字《かんじ》を 三《みっ》つ 書《か》くのだ！

れい 計

❹読《よ》み方《かた》が 「つ」から 始《はじ》まる 漢字《かんじ》を 三《みっ》つ 書《か》くのだ。

れい 月

❺「辶」と 組《く》み合《あ》わせる 漢字《かんじ》を 三《みっ》つ 書《か》くのだ！

れい 通

❻「日」と 組《く》み合《あ》わせる 漢字《かんじ》を 三《みっ》つ 書《か》くのだ！

れい 明

❼「カイ」と 読《よ》む 漢字《かんじ》を 三《みっ》つ 書《か》くのだ！

れい 貝

❽「氵」と 組《く》み合《あ》わせる 漢字《かんじ》を 三《みっ》つ 書《か》くのだ！

れい 汽

クリア！

すべての こうげきを はねかえして ハーゴンを やっつけた！

地図《ちず》の㊳に このシールを はろう！

クリアした日《ひ》　月《がつ》　日《にち》

お おのれ くちおしや……。この ハーゴンさまが お前《まえ》らごときに やられるとは。こうなれば……！

39

書《か》き取《と》りの問題《もんだい》

よみがえる はかいしんシドー

ハーゴンのしんでん

ハーゴン

わが 漢字《かんじ》の はかいの神《かみ》 シドーよ！
今《いま》 ここに いけにえを
ささぐ！ ぐふっ！

ハーゴンは 自《みずか》らの 命《いのち》を
いけにえに ささげて
はかいしんシドーを
よびだしてしまいました！
このままでは 世界中《せかいじゅう》が
はかいされてしまいます！

はかいしんシドー

シドーは はげしいほのおを 何度《なんど》も はいて
こうげきを たたみかけてきます。
□の 中《なか》に 漢字《かんじ》を 書《か》いて、シドーの
こうげきを ふせぎながら、いなずまのけんで
シドーを こうげきしていきましょう！

ものすごい
こうげきだ……！
こちらからも
こうげきを
くり出《だ》そう！

❶ いん りょく

❷ がん せき

❸ かい がい

❹ の はら

❺ ちか みち

❻ ゆき ぐに

❼ かい すい

❽ かい わ

❾ まる た

❿ うり ば

⓫ くう かん

⓬ ほし ぞら

⓭ おう ごん

⓮ せい しゅん

⓯ いち ばん

⓰ うた ごえ

⓱ きょう じゃく

⓲ でん りょく

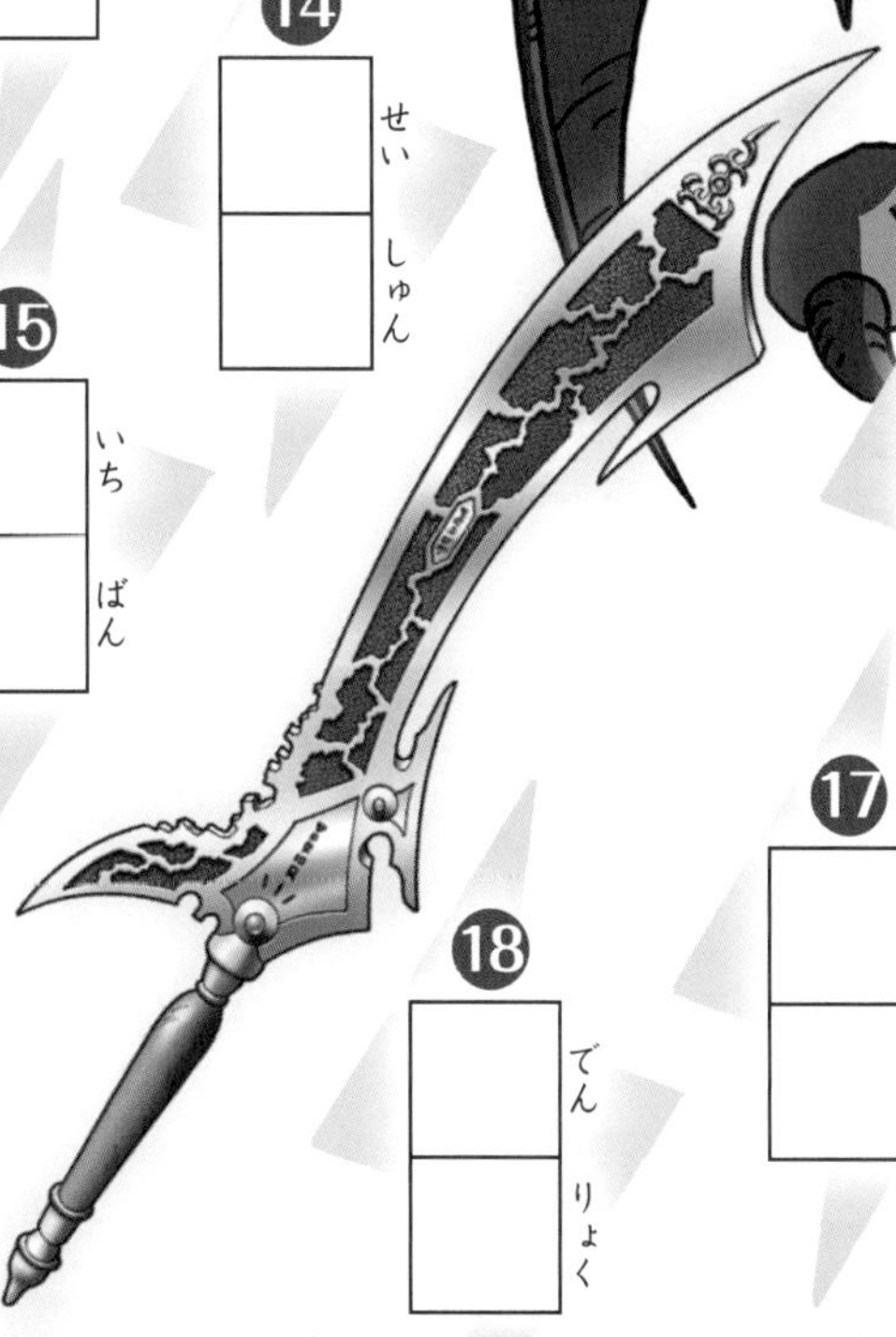

シドーの こうげきが
強《つよ》すぎるよ!

こちらも ガンガン
せめに でるわ!!

クリア!

シドーからの こうげきを
なんとか ふせいだ!

地図《ちず》の39に
このシールを
はろう!

クリアした日《ひ》　月《がつ》　日《にち》

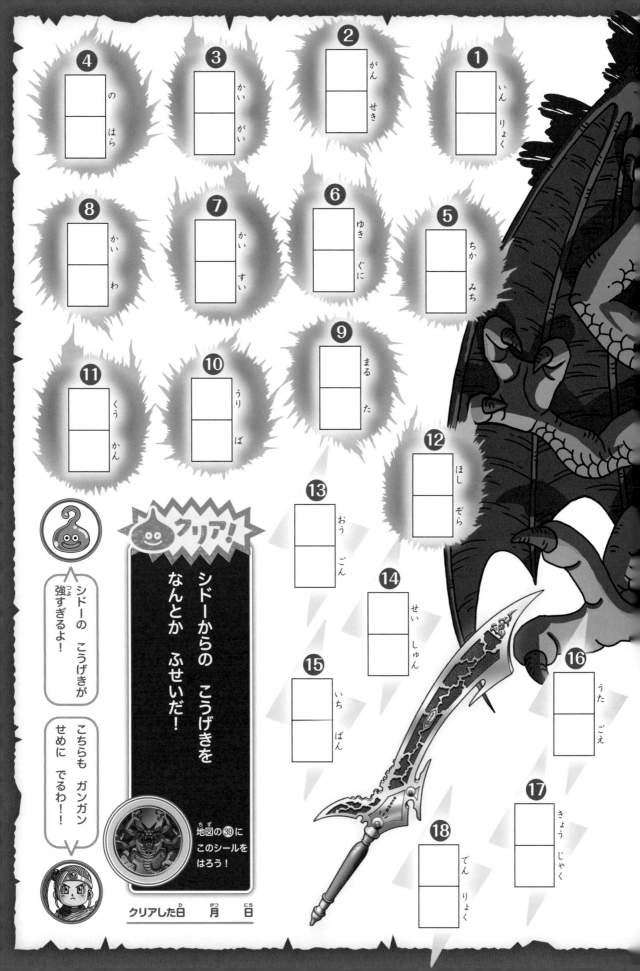

40

シドーとの さいごの たたかい！

ハーゴンのしんでん

はてなスライム

これが さいごの
たたかいだよ！
シドーを やっつけて
世界《せかい》と 漢字《かんじ》を 守《まも》ろう！

はかいしんシドーとの
さいごの たたかいです！
いなずまのけんに
漢字《かんじ》の チカラを のせて
はかいしんシドーを
こうげきしましょう！

❶から⑮の 問題《もんだい》に あてはまる
言葉《ことば》を ➡(やじるし)の 向《む》きに
合《あ》わせて、□の 中《なか》に
漢字《かんじ》で 書《か》いて、
いなずまのけんによる こうげきを
かんせいさせましょう！

タテと ヨコの やじるしの 向《む》きに
合《あ》わせて、漢字《かんじ》の 言葉《ことば》が 入《はい》ります。

れい ❶地名《ちめい》や 方向《ほうこう》を 見《み》るもの。
❷三角《さんかく》や 四角《しかく》が ある。
❸しんだ 人《ひと》が のこしたもの。

問題

❹王様《おうさま》に　つかえて　はたらく　人《ひと》たちのこと。
❺外国《がいこく》の　人《ひと》が　日本《にほん》に来《く》ることを　なんという？
❻その日《ひ》の　できごとを　書《か》くこと。
❼足《た》し算《ざん》や　引《ひ》き算《ざん》をすること。
❽足《た》し算《ざん》や　引《ひ》き算《ざん》を　ならう
じゅぎょう。
❾「2」や「4」のこと。
❿れつの　さいしょに　たつ人《ひと》。
⓫学校《がっこう》で　じゅぎょうを
教《おし》えてくれる人《ひと》。
⓬動物《どうぶつ》や　植物《しょくぶつ》が　しぜんの
中《なか》で　育《そだ》つこと。
⓭歌《うた》や　がっきを　ならう　部屋《へや》。
⓮じゅぎょうを　うける　部屋《へや》。
⓯じゅぎょうで　使《つか》う　本《ほん》。

ボクたちが　シドーに　勝《か》ったんだね……。本当《ほんとう》に　よかった。
これで　世界《せかい》に　平和《へいわ》と　漢字《かんじ》が　もどるんだね！

クリア！

シドーを　やっつけた！
漢字《かんじ》のゆうしゃのしるしを
手《て》に入《い》れた！

地図《ちず》の40に
このシールを
はろう！

クリアした日《ひ》　月《がつ》　日《にち》

➡（やじるし）の
向《む》きを　よく
見《み》てね！

ゆうしゃたちが　はかいしんシドーを　たおすと
どこからともなく　美《うつく》しい声《こえ》が　聞《き》こえてきました。

「はかいの神《かみ》　シドーは　ほろびました。
これで　こわされた　漢字《かんじ》も　元《もと》にもどり
世界《せかい》に　平和《へいわ》が　おとずれることでしょう。

私《わたし》は　いつまでも　あなたたちを
見守《みまも》っています……。

おお　すべての　漢字《かんじ》を　つかさどる　神《かみ》よ！
私《わたし》の　かわいい　ゆうしゃたちに　光《ひかり》あれ！

さあ、お行《い》きなさい」

こうして　世界《せかい》に　平和《へいわ》と　漢字《かんじ》が　もどりました。

ゆうしゃたちは　だれからも　そんけいされ、
やがて　ドリルガルドを　おさめる　王様《おうさま》となりました。

漢字《かんじ》を　守《まも》った　ゆうしゃとして、
そして　ドリルガルドの　平和《へいわ》を　たもった　王様《おうさま》として、
すえながく　語《かた》りつがれていくのでした。

ドラゴンクエストVII

ゆうしゃドリル

答《こた》えのページ

- 問題《もんだい》の番号《ばんごう》の順番《じゅんばん》に、答《こた》えがならんでいます。ご家族《かぞく》といっしょに、答《こた》え合《あ》わせをしていきましょう！
- 問題《もんだい》の答《こた》えは赤《あか》い文字《もじ》や○、➡(矢印《やじるし》)で書《か》いています。また、漢字《かんじ》の読《よ》み方《かた》などがいくつかある場合《ばあい》は、( )で別《べつ》の読《よ》み方《かた》を書《か》いています。
- 一部《いちぶ》の問題《もんだい》については、【かいせつ】をしています。

1 漢字《かんじ》を めぐる 旅《たび》の 始《はじ》まり

先頭《せんとう》から順番《じゅんばん》に、
地図・国・方角

1

❶ぜんぽう
❷さんかくけい(さんかっけい)・ちけい
❸あいず・あ
❹ゆうがた
❺じな
❻じこく・きこく

2

❶地方・地名
❷図書室
❸角・直角
❹出国

2 漢字《かんじ》を 守《まも》る 旅《たび》へ 出発《しゅっぱつ》！

先頭《せんとう》から順番《じゅんばん》に、
午前・午後・昼・今

1

❶ぜんご
❷てまえ・こうほう・あと
❸こんかい・しょうご
❹ちゅうしょく
❺ぜんじつ・こんご
❻ひるま

2

❶今
❷昼夜
❸一人前

3 モンスターたちとの たたかい！

先頭《せんとう》から順番《じゅんばん》に、
地点・野原・走・同時

1

❶どうてん
❷げんてん
❸じゃくてん
❹ちてん
❺てんか
❻てんすう
❼そうこう
❽こうげん
❾のみち
❿ぶんや
⓫いっしんどうたい
⓬野生
⓭草原
⓮同
⓯野心
⓰野外

4 はてなスライムとの 出会《であ》い

先頭《せんとう》から順番《じゅんばん》に、
思・切・会・心・友

1
❶しんせつ
❷ほんしん
❸こうゆう
❹かいわ
❺かいしん
❻しんゆう

2
❶切・思・出
❷友人・出会
❸社会

はてなスライム
からのもんだい！

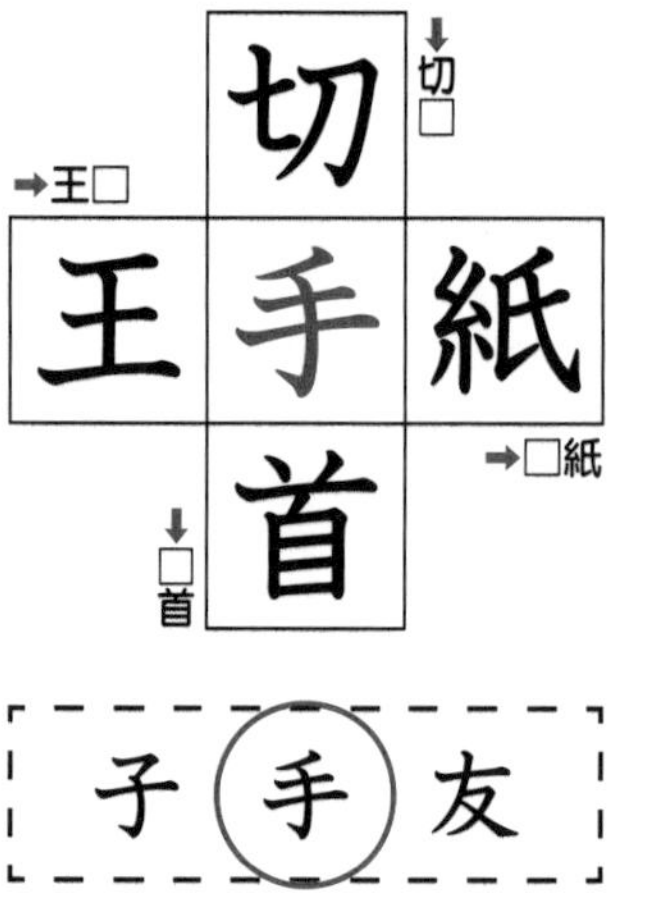

【かいせつ】手《て》の文字《もじ》が入《はい》ると、それぞれ「王手《おうて》」「手紙《てがみ》」「切手《きって》」「手首《てくび》」の四《よっ》つの言葉《ことば》になる。

5 村《むら》の 人《ひと》の なやみを 聞《き》こう

先頭《せんとう》から順番《じゅんばん》に、
市場・門・内・外

1
❶がいけん
❷がいしゅつ
❸ひろば
❹じょう
❺しつない
❻もんばん
❼はず
❽やがい

2
❶立場
❷入門
❸国内
❹市町村
❺外国

6 おばあさんの お茶《ちゃ》を さがそう

先頭《せんとう》から順番《じゅんばん》に、
活気・食・米・小麦・茶

1
❶かつよう
❷しょくせいかつ
❸しんまい
❹しょくご
❺むぎ
❻ゆうしょく・はくまい・た
❼むぎちゃ・ばんちゃ

2
❶茶色
❷茶
❸活字

7 どっちの 道《みち》を 進《すす》む？

先頭《せんとう》から順番《じゅんばん》に、
通・道・近道・遠回・道・道・交

1
❶えんそく
❷とおで
❸みとお・ほどう・じみち
❹いっぽうつうこう
❺どうちゅう
❻てぢか・ひとどお
❼しんこう

2
❶近・道場・通
❷元通

8 キケンな道《みち》の　モンスターたいじ

先頭《せんとう》から順番《じゅんばん》に、
元・牛・馬・鳥・魚

1

❶やちょう
❷きんぎょ
❸ばしゃ
❹こうし
❺ことり
❻すいぎゅう
❼ぎゅうにく
❽こうま
❾にんぎょ
❿えま
⓫はくちょう
⓬ぎゅうほ

2

❶元気
❷二鳥
❸馬力

9 海《うみ》ぞいの　町《まち》に　向《む》かおう！

先頭《せんとう》から順番《じゅんばん》に、
絵・細・太・直線

1

❶ほそなが
❷かいが
❸まるた
❹なお
❺こころぼそ
❻しょうじき
❼めせん

2

❶太い
❷多い
❸新しい
❹近い

10 新《あたら》しい　町《まち》での　お買《か》い物《もの》

先頭《せんとう》から順番《じゅんばん》に、
店・二万・売・半・買

1

❶ばいてん・みせさき・おおうりだ
❷てんちょう・みせばん
❸にひゃくまん
❹なか
❺たいはん・はんにち

2

❸➡❷➡❹➡❶

【かいせつ】安《やす》い順番《じゅんばん》に、「二十《にじゅう》ゴールド」、「二百《にひゃく》ゴールド」、「二千《にせん》ゴールド」、「二万《にまん》ゴールド」になる。

11 役立《やくだ》つ　道具《どうぐ》を　手《て》に入《い》れよう！

先頭《せんとう》から順番《じゅんばん》に、
合計・数・計算・答・考

1

❶かず・かぞ
❷かずすく
❸けいかく・いっこう
❹はか
❺にんずう

2

❶数
❷合・算

12 公園《こうえん》を　あらすのは　だ〜れ？

先頭《せんとう》から順番《じゅんばん》に、
公園・小鳥・羽・来

1

❶け・もう・げ
❷はね・は・ば
❸く・らい

2

❶家来
❷三毛・来
❸園・園長

13 公園《こうえん》の平和《へいわ》を取《と》りもどそう！

❶ 羽 六　(来) 七
❷ (国) 八　図 七
❸ (馬) 十　茶 九
❹ 活 九　(原) 十
❺ 内 四　(外) 五
❻ (走) 七　同 六　米 六
❼ (食) 九　門 八　角 七
❽ 細 十一　(数) 十三　場 十二
❾ (線) 十五　算 十四　園 十三

14 海《うみ》をこえて次《つぎ》の村《むら》へ！

先頭《せんとう》から順番《じゅんばん》に、
船・汽・広大・海・行

1
❶いっこう・ふなで
❷せんじょう・こうや
❸ちょっこう・ふね
❹うみどり・かいそう
❺かいすい
❻ひろ・ふうせん
❼くもゆ

2
❶広場
❷汽車
❸近海・海上
❹船室
❺行水

15 海《うみ》でわかめ王子《おうじ》と対決《たいけつ》！

先頭《せんとう》から順番《じゅんばん》に、
楽・歌声・聞・鳴・歌

1
❶かしゅ
❷おんがく
❸きらく
❹たかな
❺めいせい
❻き

2
❶校歌
❷大声
❸新聞
❹鳴

16 村長《そんちょう》さんの子《こ》ネコをさがそう

先頭《せんとう》から順番《じゅんばん》に、
村長・姉・妹・兄弟・弟

1

(姉《あね》)	(校長《こうちょう》)	(長雨《ながあめ》)		(長女《ちょうじょ》)	スタート
(長年《ながねん》)	町長《まちなが》	(兄《あに》)	市長《いちちょう》	(室長《しつちょう》)	長男《ながおとこ》
(弟《おとうと》)	兄弟《きょうおとうと》	(妹《いもうと》)	(長話《ながばなし》)	(社長《しゃちょう》)	妹《あね》
ゴール	長《ちょう》ぐつ		弟分《だいぶん》	店長《みせちょう》	

【かいせつ】読《よ》み方《かた》が正《ただ》しくない漢字《かんじ》のそれぞれの正《ただ》しい読《よ》み方《かた》は、「長男《ちょうなん》」「妹《いもうと》」「店長《てんちょう》」「市長《しちょう》」「弟分《おとうとぶん》」「町長《ちょうちょう》」「兄弟《きょうだい》」「長《なが》ぐつ。

2

❶ちょう・あに
❷ちょうじょ・あね
❸いもうと・おとうと

17 ふしぎなお守《まも》りを 見《み》つけよう

先頭《せんとう》から順番《じゅんばん》に、
読・話・記・語・言

1

❶どくしょか
❷かいわ
❸ほうげん・ながばなし
❹ことば・はな
❺にっき・きにゅう
❻とうてん

2

❶日本語・一言
❷読
❸話

18 深《ふか》い 森《もり》を 注意《ちゅうい》して 進《すす》もう

先頭《せんとう》から順番《じゅんばん》に、
書・自・画用紙・書

❶用心
❷自分
❸画数
❹用
❺手書・手紙
❻自作
❼画家
❽計画
❾紙風船
❿書道・半紙

19 森《もり》の ほこらを 目指《めざ》そう

先頭《せんとう》から順番《じゅんばん》に、
星・光・明・夜・明・朝

1

❶ほしぞら・きんせい
❷こんや・みょうちょう・よどお
❸つきあ
❹あか・よあ
❺げっこう・にっこう

2

❶目星
❷文明
❸夜中
❹朝食

20 強《きょう》てき！ ソルジャーブル！

先頭《せんとう》から順番《じゅんばん》に、
頭・顔・首・体・肉

1

❶たいあ
❷てんとう
❸あさがお
❹ずじょう
❺せんしゅ
❻にくたい
❼てくび
❽いしあたま
❾せんどう
❿がん

2

❶同体
❷顔見知
❸弱肉

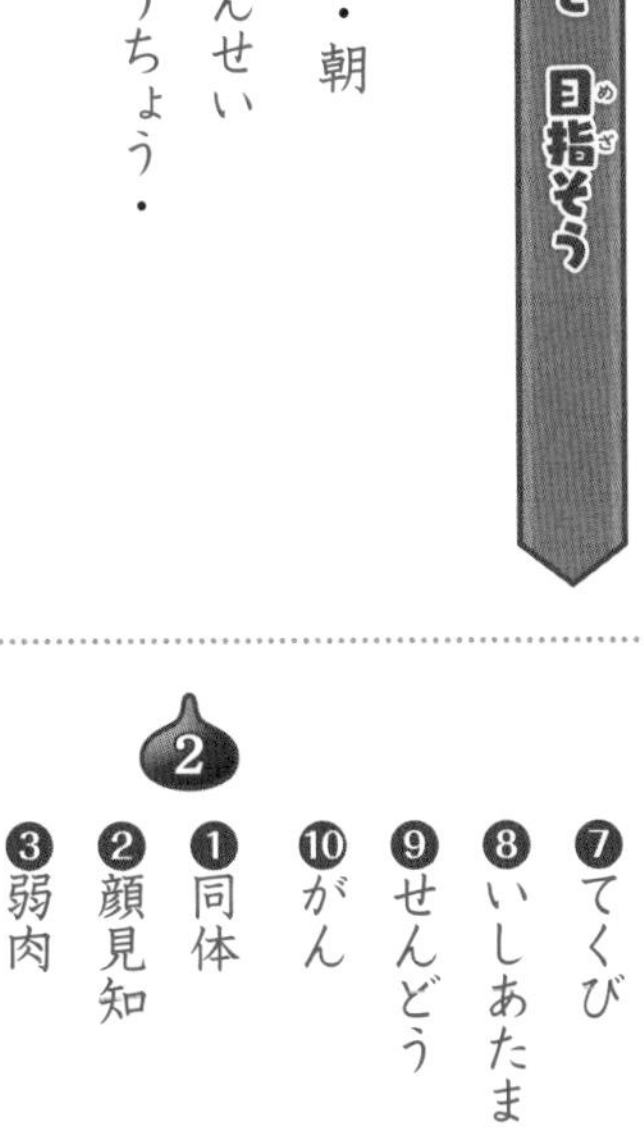

21 岩山《いわやま》の どうくつの 先《さき》へ

先頭《せんとう》から順番《じゅんばん》に、毎週・月曜日・金曜日・十時・五十分間・時間

1
❶水曜日
❷一時三十分
❸七日

2
❶まいにち・はちじ
❷まいあさ
❸ぶん・わ

22 正《ただ》しい とびらを 進《すす》もう

先頭《せんとう》から順番《じゅんばん》に、赤・青・黄色・黒・四色・黄色・黒・戸・引

1
下記《かき》の赤《あか》い線《せん》の流《なが》れが、正解《せいかい》のルート。

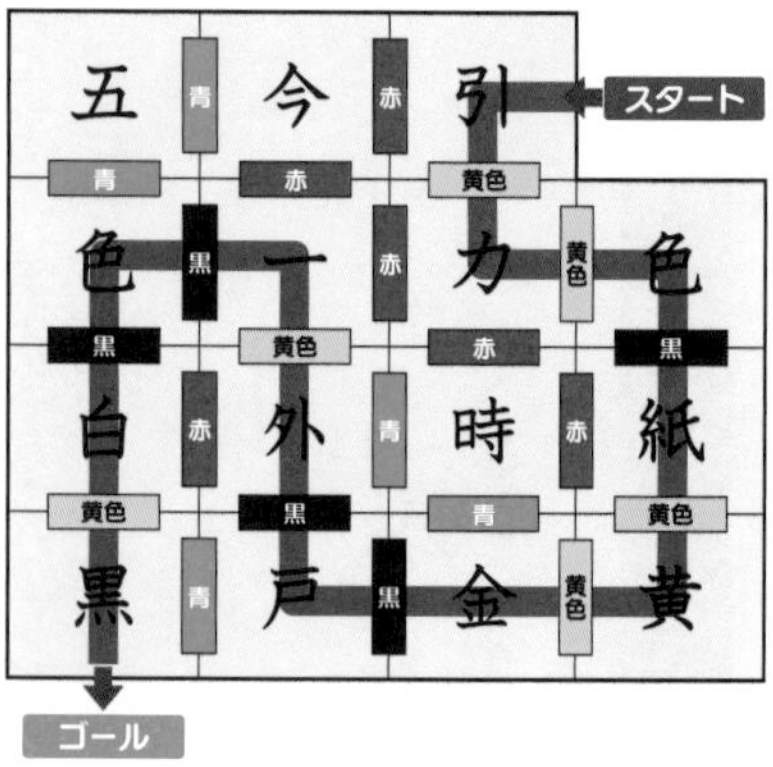

2
引力（いんりょく）
色紙（しきし）（いろがみ）
黄金（おうごん）
戸外（こがい）
一色（いっしょく）（いっしき）
白黒（しろくろ）

23 四枚《よんまい》の 絵《え》が ならぶ 部屋《へや》

先頭《せんとう》から順番《じゅんばん》に、春・夏・秋・冬・雪

24 あくましんかんとの たたかい！

春《はる》の絵《え》

❶せいしゅん
❷はるやす
❸春一番
❹春分

夏《なつ》の絵《え》

❶なつば
❷こんか
❸夏空
❹夏日

秋《あき》の絵《え》

❶あきかぜ
❷しゅうぶん
❸秋田
❹秋晴

冬《ふゆ》の絵《え》

❶ふゆやま
❷りっとう
❸春夏秋冬

❶明日
❷東
❸午後
❹朝食
❺国語
❻一週間
❼風船
❽公園

25 新《あたら》しい町《まち》で一休《ひとやす》み

先頭《せんとう》から順番《じゅんばん》に、
当番・一組・室内・教

1
❶いちばん・にゅうしつ
❷ちかしつ
❸く
❹ばん
❺きょうかい
❻あ

2
❶当分
❷三人組
❸教室・教

26 くものきょじんをたおせ!

先頭《せんとう》から順番《じゅんばん》に、
雲・台風・雲・合間
❶どだい
❷だいほん
❸くもま
❹うんかい
❺ごうどう
❻がったい
❼ごうけい

❽かざぐるま(ふうしゃ)
❾よぞら
❿いっしゅうかん
⓫ひるま
⓬にんげん

27 雨上《あめあ》がりの町《まち》を歩《ある》こう

先頭《せんとう》から順番《じゅんばん》に、
弱・晴・多少・止

1
❶すこ・よわき
❷じゃくてん
❸せいてん
❹みは・しょうねん・しょうじょ
❺つうこうど・おお

2
❶中止
❷少
❸晴
❹弱火

28 町一番《まちいちばん》の物知《ものし》りとの出会《であ》い

先頭《せんとう》から順番《じゅんばん》に、
天才・家・理・知

1
❶ひゃっか・かがく
❷ちり
❸り
❹ぶんさい・がさい
❺さっか

2
❶家・理・知人
❷国家

29 池《いけ》が真《ま》っ二《ぷた》つにわれる!?

先頭《せんとう》から順番《じゅんばん》に、
山里・古・寺・社・池
左右《さゆう》の漢字《かんじ》を組《く》み合《あ》わせてできる二文字《ふたもじ》の言葉《ことば》は次《つぎ》の通《とお》り。どの順番《じゅんばん》に書《か》いても正解《せいかい》。
社長・電池・地図・
人里・古本・山寺

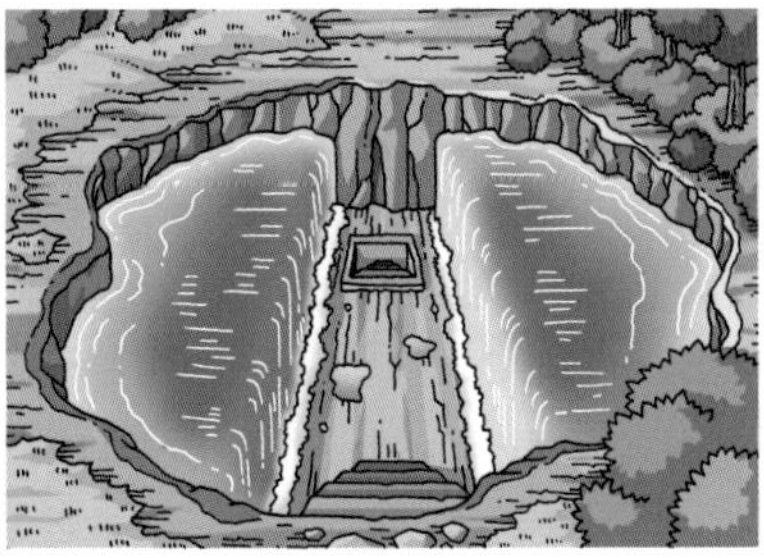

30 石《せき》ばんに　したがって　進《すす》もう

先頭《せんとう》から順番《じゅんばん》に、
東・西・南・北・歩

❷〜❾の正《ただ》しい進《すす》みかたは次《つぎ》の通《とお》り。

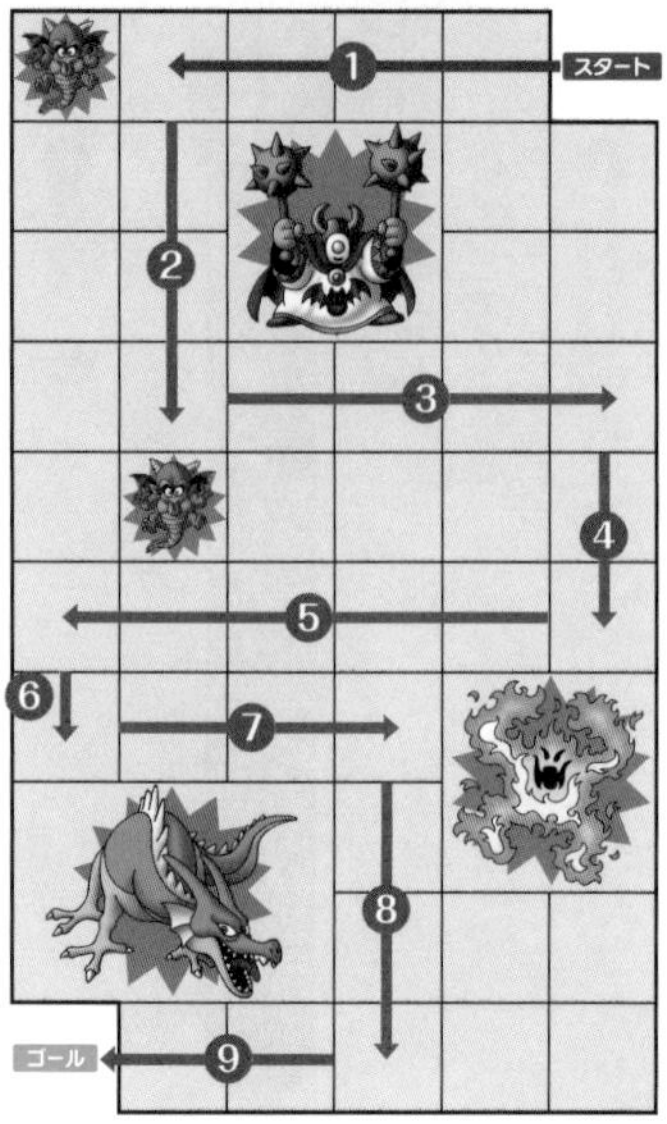

31 ビリビリする　たから箱《ばこ》の　中身《なかみ》は？

先頭《せんとう》から順番《じゅんばん》に、
丸・細工・形・作・電気

1
下記《かき》の形《かたち》が、正解《せいかい》の組《く》み合《あ》わせ。

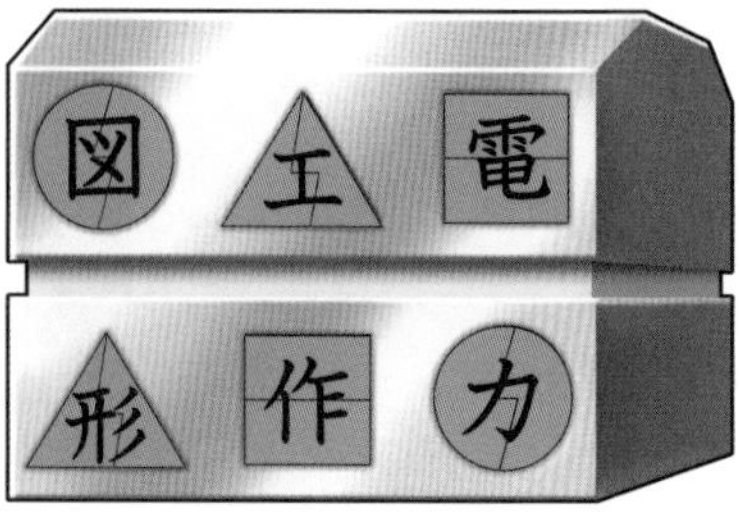

2
❶人形
❷電話
❸工場
❹丸一日

32 ロンダルキアで　待《ま》つもの

先頭《せんとう》から順番《じゅんばん》に、
新・高・岩山・谷・何

1
❶こうおん
❷いわば
❸いわて
❹たにま
❺めあたら
❻しんせつ
❼がんせき
❽なんにん(なんびと・なんぴと)

2
❶新手
❷高台・谷風
❸新入生・高学年

33 ハーゴンの　しかけた　ワナ

先頭《せんとう》から順番《じゅんばん》に、
父・母・帰・親

読《よ》みかたが間違《まちが》っている漢字《かんじ》と正《ただ》しい読《よ》みかたは次《つぎ》の通《とお》り。

❶父母《ふはは》（ふぼ　）
❷東京《ひがしけい》（とうきょう）
❸日《ひ》帰《き》り（ひがえ　）
❹親友《おやとも》（しんゆう）
❺上京《じょうきょう》（○　）
❻親切《おやぎり》（しんせつ）
❼母国《ははくに》（ぼこく）
❽親子《しんこ》（おやこ）
❾帰国《かえくに》（きこく）
❿母上《ははうえ》（○　）
⓫親《おや》しい（した　）
⓬里帰《さとがえ》り（○　）

34 いざ　ハーゴンのしんでんの　中《なか》へ

先頭《せんとう》から順番《じゅんばん》に、
刀・回・弓矢・強

1
❶ゆみ
❷にかい
❸や
❹こころづよ
❺かたな
❻つよき・こんかい

2
❶何回
❷強力

35 あくりょうのかみがみ　アトラスー！

左右《さゆう》にわれたパーツを組《く》み合《あ》わせてできる漢字《かんじ》は次《つぎ》の通《とお》り。どの順番《じゅんばん》に書いても正解《せいかい》。
姉・理・晴・読・細・時・計・鳴
上下《じょうげ》にわれたパーツを組《く》み合《あ》わせてできる漢字《かんじ》は次《つぎ》の通《とお》り。どの順番《じゅんばん》に書いても正解《せいかい》。
星・岩・思

36 あくりょうのかみがみ　バズズー！

❶いんりょく
❷にしぐち
❸ちず
❹おんどく
❺しゃかい
❻あしくび
❼せんり
❽てま
❾とうほく
❿そうげん（くさはら）
⓫とうざい
⓬すいどう
⓭がくゆう
⓮ばあい
⓯いっぽ
⓰ほこう
⓱きたかぜ
⓲げんり
⓳ちゅうこ
⓴ないか
㉑なんごく
㉒どうちゅう
㉓きょうかしょ
㉔おんがくしつ
㉕しんぶんし
㉖しかくけい（しかっけい）
㉗いっしゅうかん
㉘はんぶん
㉙はやくちことば
㉚いっせんまんえん

37 あくりょうのかみがみ　ベリアルー！

❶青・黄・黒・白・金・茶
などの色《いろ》を表《あらわ》す漢字《かんじ》が書《か》けていれば正解《せいかい》。
❷下・右・左・前・後・
外・内・東・西・南・北
などの方向《ほうこう》を表《あらわ》す漢字《かんじ》が書《か》けていれば正解《せいかい》。
❸牛・馬・魚・鳥・虫・人・貝
などの動物《どうぶつ》を表《あらわ》す漢字《かんじ》が書《か》けていれば正解《せいかい》。
❹顔・足・目・口・耳・頭・首
などの体《からだ》の一部《いちぶ》を表《あらわ》す漢字《かんじ》が書《か》けていれば正解《せいかい》。
❺父・兄・姉・弟・妹・親・子
などの家族《かぞく》を表《あらわ》す漢字《かんじ》が書《か》けていれば正解《せいかい》。

38 大《だい》しんかんハーゴン 登場《とうじょう》

❶線・細・組・絵
などの「いとへん」の漢字《かんじ》が書《か》けていれば正解《せいかい》。

❷刀・東・答・頭・読・当
などの「とう」と読《よ》む漢字《かんじ》が書《か》けていれば正解《せいかい》。

❸話・読・記・語
などの「ごんべん」の漢字《かんじ》が書《か》けていれば正解《せいかい》。

❹土・通・作・角・強
などの読《よ》みかたが「つ」から始《はじ》まる漢字《かんじ》が書《か》けていれば正解《せいかい》。

❺近・遠・道・週
などの「しんにょう」の漢字《かんじ》が書《か》けていれば正解《せいかい》。

❻時・晴・曜
などの「ひへん」の漢字《かんじ》が書《か》けていれば正解《せいかい》。

❼会・絵・回・海
などの「かい」と読《よ》む漢字《かんじ》が書《か》けていれば正解《せいかい》。

❽池・海・活
などの「さんずい」の漢字《かんじ》が書《か》けていれば正解《せいかい》。

39 よみがえる はかいしんシドー

❶引力
❷岩石
❸海外
❹野原
❺近道
❻雪国
❼海水
❽会話
❾丸太
❿売場
⓫空間
⓬星空
⓭黄金
⓮青春
⓯一番
⓰歌声
⓱強弱
⓲電力

40 シドーとの さいごの たたかい！

❹〜⓯のそれぞれのマスに入《はい》る漢字《かんじ》と言《こと》葉《ば》は下記《かき》の通《とお》り。

❹↓ 家		
来	日 ❻↓	
❺→	記	

❼↓ 計		
算	数 ❾↓	
❽→	字	

❿→		
⓫↓ 先	頭	
野	生	
⓬→		

	⓭↓ 音	
	楽	
⓮→ ⓯↓ 教	室	
科		
書		